Charles Bukowski:
Western Avenue
Gedichte 1955–1977

Deutsch von Carl Weissner

Deutscher
Taschenbuch
Verlag

Von Charles Bukowski
sind im Deutschen Taschenbuch Verlag erschienen:
Gedichte die einer schrieb bevor er im 8. Stockwerk aus dem
Fenster sprang (1653)
Faktotum (10104)
Pittsburgh Phil & Co. (10156)
Ein Profi (10188)
Das Schlimmste kommt noch (10538)
Gedichte vom südlichen Ende der Couch (10581)
Flinke Killer (10759)
Nicht mit sechzig, Honey (10910)
Das Liebesleben der Hyäne (11049)
Pacific Telephone (11327)
Die letzte Generation (11418)
Hot Water Music (11462)

Mai 1992
Deutscher Taschenbuch Verlag GmbH & Co. KG,
München
© Charles Bukowski
Die Gedichte in diesem Band sind folgenden amerikanischen
Originalausgaben entnommen: ›It catches my heart in its
hand‹ (Loujon Press, New Orleans 1963), ›Crucifix in a
deathhand‹ (Loujon Press, New Orleans, & Lyle Stuart Inc.,
New York 1965), ›At terror street and agony way‹ (Black
Sparrow Press, Los Angeles 1968), ›The days run away like
wild horses over the hills‹ (Black Sparrow Press, Los Ange-
les 1969), ›Mockingbird wish me luck‹ (Black Sparrow Press,
Los Angeles 1972), ›Africa, Paris, Greece‹ (Black Sparrow
Press, Los Angeles 1975), ›Burning in water, drowning in
flame‹ (Black Sparrow Press, Santa Barbara 1977), ›Maybe
tomorrow‹ (Black Sparrow Press, Santa Barbara 1977)
© 1979 der deutschsprachigen Ausgabe:
Zweitausendeins, Frankfurt am Main
Umschlaggestaltung: Celestino Piatti
Gesamtherstellung: C. H. Beck'sche Buchdruckerei,
Nördlingen
Printed in Germany · ISBN 3-423-11541-6

Inhalt

I. Gedichte 1955–1963

Für Marilyn M.

Dein Körper, wie im Rausch,
verbrennt zu weißer Asche,
auf die Vanille-Tränen fallen,
dein Körper, der einmal für Männer
wie eine Kerze brannte
in schwarzen Nächten,
und deine Nacht ist jetzt
zu schwarz für jedes Licht;
wir werden dich vergessen, ein wenig,
das ist nicht nett von uns,
aber lebendige Körper sind uns näher,
und während die Würmer
nach deinen Knochen hecheln,
würde ich dir so gerne sagen
daß so etwas auch Bären und
Elefanten passiert, Tyrannen
und Helden und Ameisen
und Fröschen;
trotzdem, du hast uns etwas gegeben,
so was wie einen kleinen Sieg,
und darum sage ich: gut,
und keine traurigen Gedanken mehr;
eine Blume, verdorrt und weggeworfen,
wir vergessen, wir erinnern uns,
wir warten. Kind, Kind, Kind,
mit einem Lächeln hebe ich mein Glas
eine ganze Gedenkminute
lang.

Die Weltlage, aus einem Fenster im dritten Stock gesehen

Ich beobachte ein Girl in einem
hellgrünen Pullover, blauen Shorts,
langen schwarzen Strümpfen; sie hat
so eine Halskette umhängen, wenig
Busen, das arme Ding, und sie sieht
ihre Fingernägel an, während ihr
schmutzig-weißer Hund mit der Schnauze
im Gras sich um die eigene Achse dreht;
eine Taube ist auch da, läuft ebenfalls
im Kreis, halbtot, kaum Hirn im Kopf;
und ich hier oben, in Unterhosen und
mit 3 Tage alten Bartstoppeln, gieße mir
ein Bier ein und warte darauf, daß sich
da unten etwas Literarisches oder
Symphonisches tut; aber es geht weiter
im Kreis und weiter, und ein abgemagerter
alter Mann im letzten Winter seines Lebens
kommt im Rollstuhl vorbei, geschoben von
einem Mädchen in der Uniform einer
katholischen Schule; irgendwo sind
die Alpen, irgendwo fahren jetzt
Schiffe übers Meer, es gibt stapelweise
Wasserstoff- und Atombomben, genug,
um fünfzig Welten hochzujagen und den
Mars dazu, aber man dreht sich im Kreis,
das Girl strafft mal die linke mal die
rechte Arschbacke, und die Hollywood Hills
stehen da, stehen da, voll von Besoffenen
und Verrückten und Autos, in denen ausgiebig
geknutscht wird, aber es hilft nichts:
che sera, sera – ihr schmutzig-weißer Hund

kommt einfach nicht zu seinem Schiß,
und nach einem letzten Blick auf ihre Nägel
geht sie mit schlingerndem Hintern
zurück in ihren Hinterhof, gefolgt von
ihrem Hund, den seine Verstopfung völlig kalt läßt,
und mir bleibt nur noch der Blick auf eine
ausgesprochen unsymphonische Taube.
Tja, wenn man sich das so ansieht, kriegt man
das beruhigende Gefühl, daß auch
die Bomben nie losgehen werden.

An die Nutte, die mir meine Gedichte gestohlen hat

Manche meinen, wir sollten unseren
privaten Frust aus dem Gedicht
raushalten, abstrakt bleiben,
und dafür spricht schon einiges,
aber Menschenskind, zwölf Gedichte weg,
und ich mache nie Durchschläge, und
meine Bilder hast du auch geklaut,
meine besten noch dazu, es ist
niederschmetternd –, willst du mich
am Boden zerstören, so wie all die anderen?
Warum hast du nicht mein Geld genommen?
Die Flittchen holen sich's fast immer
aus meinen Hosen, die krank und besoffen
in der Ecke schlafen.
Nächstes Mal nimm meinen linken Arm
oder einen Fünfziger,
aber nicht meine Gedichte.
Ich bin zwar nicht Shakespeare
aber manchmal kommt einfach
nichts mehr nach, abstrakt oder sonstwie.
Geld wird's immer geben, und Nutten und Säufer,
bis die letzte Bombe fällt,
aber, wie Gott damals sagte
nach getaner Arbeit:
Ich sehe, daß ich ne Menge Dichter
geschaffen habe,
aber nicht so besonders viel
Kunst.

Eintritt frei

Diese Schöne da
auf der Haupttribüne
mit ihrem rot gefärbten Haar
rieb ständig ihre Titten an mir
und redete von Poker-Saloons
in Gardena,
ich dagegen blies ihr Zigarren-
qualm ins Gesicht
und erzählte ihr von einer Van-Gogh-
Ausstellung,
die ich oben am Berg
gesehen hatte,
und als ich sie an jenem Abend
mit nach Hause nahm,
sagte sie,
so ein Klassepferd wie Big Red
habe sie noch nie gesehen –
bis sie mich nackt sah. Der Unterschied
ist nur, daß sie für Van Gogh, glaube ich,
50 Cents Eintritt
verlangten.

Der Jude beugte sich nach vorn und starb,
99 MGs wurden nach Frankreich verschifft, jemand
siegte im 3. Rennen, während ich mir den Propeller
eines einmotorigen Flugzeugs besah.
Ein Mann mit einer Augenklappe kam vorbei. Es
begann zu regnen. Es regnete und regnete,
und auf den Straßen stießen die Krankenwagen
zusammen, und obwohl alles so langweilig war,
wie sichs gehörte, genoß ich den Augenblick,
wie damals in New Orleans,
als ich von Candy-Stangen lebte
und den Tauben zusah
in einer Gasse mit einem französischen Namen,
während hinter mir der Fluß
in den Golf mündete
und die kranken Wolken entlangzogen
an einem Himmel, der ungefähr
zur gleichen Zeit gestorben war,
als Caesar das Messer reinkriegte,
und damals nahm ich mir vor
daß ich mich eines Tages daran
erinnern würde, wie alles war.

Ein Mann kam vorbei und hustete.
Glauben Sie, es hört auf zu regnen?, fragte er.
Ich gab keine Antwort. Ich betastete
den alten Propeller und hörte zu, wie die
Ameisen übers Dach rannten und über
die Kante der Welt kippten. Gehn Sie weg, sagte ich,
gehn Sie weg, oder Sie kriegen
Ärger.

Bier am Nachmittag

Es kommt auf nichts mehr an,
nur noch auf einer Matratze liegen
mit billigen Träumen und einem Bier,
während die Blätter sterben und die Pferde sterben
und die Zimmerwirtin in den Hausflur starrt;
die runtergezogenen Jalousien mit ihrer
flattrigen Musik,
der letzte Mann in seiner Höhle,
in einer Ewigkeit von Getriebe
und Explosion;
nichts als der tropfende Wasserhahn,
die leere Flasche,
Euphorie;
deine Jugend versperrt
verhunzt und glattrasiert,
man hat dich Worte gelehrt
und damit losgeschickt
zum Sterben.

Der Sonntagsmaler

Ich habe die letzten beiden Sonntage
mit Malen verbracht; nichts Besonderes,
das gebe ich euch zu, aber bei diesem
Turnier gehn große Träume zu Bruch:
die Geschichte läßt die Kleider fallen
und wird zur Hure, und morgens
beim Aufwachen habe ich Adler gesehen
mit Flügeln wie Fensterläden;
ich habe Montaigne und Phidias getroffen
in den Flammen meines Papierkorbs
ich habe Barbaren getroffen auf den Straßen,
in ihren zuckenden Schädeln balgten sich Ratten
ich habe boshafte Säuglinge in blauen Badewannen erlebt,
die wollten prächtige Stengel haben wie Blumen,
und ich habe den einsamen Trinker gesehen
der auf seinen letzten toten Penny kotzte;
ich habe Domenico Theotocopoulos in eiskalten
Nächten
husten hören in seinem Grab;
und Gott, nicht größer als eine Hausverwalterin,
das Haar rot gefärbt, hat mich gefragt
wieviel Uhr es ist;
ich habe das ergraute Gras von Geliebten
in meinem Spiegel gesehen, während ich mir
eine Zigarette ansteckte und ein Irrer dazu
Beifall klatschte; Cadillacs
sind über meine Wände gekrochen wie Kakerlaken,
Goldfische kreisen in meinem Glas, gezähmte Tiger;
ja, ich habe diese Sonntage mit Malen verbracht –
die graue Tretmühle, der neue Rebell; es ist wirklich
entsetzlich –, ich muß meine Faust durch Chlor

und Lösungsmittel rammen, durch Andernach
und Äpfel und Säure; dabei wäre es sinnvoller,
wenn ich euch einfach sagte: ich habe eine
Frau bei mir, die Waffelteig anrührt und singt;
und die Farbe pappt an meiner Leinwand wie
Kaugummi.

Ein alter Poet

Ich würde viel lieber mit dem Fuchs
durchs Farnkraut streifen, statt mit dem
Foto von einer alten Spad in der Tasche
dem Dröhnen der Ambosse zu lauschen und die
Beine Beine Beine von Varieté-Tänzerinnen
hochfliegen zu sehn, die alles herzeigen,
nur nicht den Schlitz. Aber genauso gut
könnte ich jetzt auch tot sein.
Überall weht einen das Unglück an,
und Keats ist tot,
und ich bin nahe dran.
Nichts ist so liederlich und verstunken
wie ein alter Poet, den Körper und Geist
und Glück im Stich lassen;
die Pferde laufen nur noch verkehrt,
die dünne grüne Brieftasche zerfressen
vom Vegas-Krebs,
Schostakowitsch viel zu oft gehört,
Dosenbier durch einen Strohhalm geschlürft,
Mund und Mumm kaputtgeschlagen von
jüngeren Männern in Gassen.
Am Fenster, am heißen Mittag,
hole ich aus und verfehle eine Schmeißfliege
und falle um, schwer wie ein Donnerschlag,
aber die unter mir werden wissen, was los ist:
er ist entweder besoffen, oder er stirbt.
Ein alter Poet, der abwesend
mit dem Kopf nickt im Flur,
unschuldigen Hunden eins überzieht
mit seinem Krückstock
und ausspuckt, was noch
übrig ist von seiner Sonne.

Der Briefträger hat ein gefalztes Ding für ihn,
damit geht er auf sein Zimmer,
entblättert es wie eine Rose,
und dann schreit er, laut und vergebens,
und sein Sarg füllt sich
mit Zetteln aus der Hölle.
Doch am Morgen seht ihr ihn wieder
wie er kleine Umschläge fortträgt
und sich immer noch sorgt
um Miete
        Zigaretten
            Wein
                Frauen
                    Pferde,
um Eric Coates, Beethovens Dritte,
um etwas, das drei Monate in Chicago lag,
um seine Einkaufstüte mit Wein
und Pall Malls.
42 wird er im August, 42,
die Ratten laufen ihm durchs Hirn
und fressen ihm die Gedanken weg,
ehe er sie in die Tasten hämmern kann.
Alte Poeten sind genauso schlimm
wie alte Schwuchteln: irgend was an ihnen
ist einfach nicht zu akzeptieren –
Die Redaktion dankt für die
eingesandten Manuskripte, sieht sich
aber leider nicht in der Lage ...
und runter, runter, den dunklen
Korridor hinunter, in einen Hausflur
ohne Frauen,
ein letztes Ei pellen, dann
wieder an die Maschine:
click click a-click,
im Dröhnen der Fernseher,
im Rattern der Sprungfedern:

noch so ein alter Poet, der sich
einen runterzittert.

Das Rennen

Es ist so:
wenn du leerläufst
wie ein Grammophon
(erinnerst dich noch an die?)
und nach downtown fährst
und dir die Jungs im Ring ansiehst
und die großen Blondinen, die jetzt
bei anderen sitzen,
und du alt geworden bist wie ein
Schlägertyp in einem Film:
Zigarre im Maul, Bierbauch,
aber keinen Pfennig Geld,
keine Lebensart, nichts dazugelernt,
und die meisten Boxkämpfe
mies, wie üblich,
und hinterher
auf dem Parkplatz
sitzt du da, siehst ihnen nach,
steckst dir die letzte Zigarre an,
startest den alten Wagen, fährst,
nicht mehr so jung in deinem alten Wagen,
die Straßen lang, hältst an einer
roten Ampel, als sei Zeit
überhaupt kein Problem,
und da kommen sie längsseits:
jung, ein ganzes Auto voll,
lachend,
und du siehst ihnen nach,
bis jemand hinter dir
auf die Hupe drückt
und dir schlagartig
klar macht, wie wenig dir

noch bleibt von deinem Leben.
Katzenjammer. Selbstmitleid.
Dein Fuß tritt das Gaspedal durch,
du holst die Jungen ein,
du überholst sie,
du packst das Lenkrad, als wär's die letzte Liebe,
und machst ein Wettrennen mit ihnen
zum Strand,
fuchtelst mit deiner Zigarre, mit
deinem Schnappmesser,
lachend,
du wirst sie mit in den Ozean nehmen,
zur letzten Wassernixe,
zu Seetang und Hai und Wal,
zum Ende von Fleisch und Zeit und Horror;
aber dann halten sie an,
und du fährst weiter,
deinem Ozean entgegen,
die Zigarre verbrennt dir die Lippen,
wie es früher einmal
die Liebe tat.

Vegas

Da stand ein erfrorener Baum, den ich
malen wollte, aber dann
schlugen die Granaten ein,
und in Vegas saß ich einem gegenüber,
der einen grünen Plastik-
schirm über den Augen hatte,
und morgens um halb 4
starb ich am Kreuz, ohne Nägel,
ohne ein Exemplar des ›Atlantic Monthly‹,
die Fenster schrien wie die Tauben
nach dem Luftangriff auf Mailand,
und ab ging's mit mir, raus
zu den Ratten, aber die
Lichter waren zu hell,
und ich sagte mir: vielleicht besser,
ich geh wieder nach L. A. und hock mich
in ein Lyrik-Seminar:
»Eine märchenhaft schöne
Beschreibung einer Gazelle
ist die Hölle;
das Kreuz klebt wie eine Fliege
an meinem Fenster,
der Atem meiner Mutter
läßt kleine Blätter rascheln
in meinem Hirn.«
Und ich fuhr per Anhalter
zurück nach Los Angeles,
umwölkt und verkatert,
und ich zog einen Brief aus der Tasche
und las ihn, und der Fernfahrer sagte:
Was ist das?, und ich sagte: Das ist von einer,
die lebt da oben im Norden und ist mal

mit Pound ins Bett gestiegen; sie versucht
mir beizubringen, daß Hilda Doolittle
unsere größte Dichterin war; naja, Hilda
hat uns ein bißchen Porzellan mit
rosaroten griechischen Göttern drauf
gegeben, aber nachdem ich ihr Zeug gelesen habe,
hängen mir immer noch 140 Eiszapfen von den Knochen.

Ich fahr nicht ganz bis L. A.,
sagte der Fernfahrer.

Macht nichts, sagte ich.
»Die Calla Lilien nicken uns
im Geiste zu, und einmal
kommt der Tag, wo wir alle
gemeinsam nach Hause gehn.«

Um genau zu sein, sagte er,
wir fahren bis hierher
und nicht weiter.
Also gab ich ihm
noch einen drauf:
»Alte verwelkte Hure der Zeit,
deine Brüste schmecken
die saure Sahne der Träume . . .«
Er setzte mich raus,
mitten in der Wüste.

Man stirbt und man stirbt,
bis man tot ist.
Alte Schallplatten in Kellern,
Joe DiMaggio,
Illustrierte zwischen den Zwiebeln . . .

Ein alter Ford nahm mich mit,

45 Minuten danach,
und diesmal
hielt ich den Mund.

Ein angenehmer Nachmittag im Bett

Rote Sommertage, kohlschwarze
Seidenschlüpfer und Blut-
flecken auf den Laken,
während man irgendwo
auf Schnecken tritt
und Motten kirre werden
beim Versuch, sich mit Glühbirnen-
Augen zu orientieren
in künstlichen Städten.
Ich mach ihr eine Zigarette an,
und sie bläst einen Plasma-
Schwall von sich,
wohlig und zufrieden,
zum Beweis, daß wir
beide gut waren –
weiß auf schwarz, und
Schwärze ringsum,
und ihre Zehen folgen
dunklen Verwerfungen
in meinen fleischigen Laken.
»Dieser Kerl im Fahrstuhl«, sagt sie,
»kennst du den?«
»Ja«, sag ich.
»Ein mieser Hund ... schlägt seine Frau.«
Ich lasse meine flache Hand
an ihren Kurven abwärts gleiten.
»Verdammt«, sagt sie, »für 'n alten Mann
bist du aber noch ganz schön verspielt!«
Ich lange rüber, greif mir die Flasche,
leg mich flach, laß den Sud in mich
reinlaufen, er staut sich in meiner Kehle,
schäumt wie Seife, mir bleibt die Luft weg,

dumpf gluckst es in meinem Hals,
sie hört sich das an, ihre Augen
drehen durch wie Wochenschau-Kameras,
und plötzlich muß ich lachen,
ich pruste einen schäumenden Strahl,
wie ein Wal, majestätisch
klatscht die Brühe an die Tapete,
und sie lacht jetzt auch,
sieht herunter auf meinen platten Irrsinn,
sie lacht, ihre Hand mit der Zigarette
hoch in der Luft,
der Rauch wabert davon,
verzieht sich,
und wir sind zusammen im Bett,
lachen,
und uns ist alles
egal, und es ist sehr
sehr komisch.

Schwätzer

Der Junge latscht mir mit seinen
dreckigen Füßen über die Seele,
redet von Konzerten, Virtuosen, Dirigenten,
von den weniger bekannten Romanen Dostojewskis,
erzählt davon, wie er mal eine Kellnerin belehrt hat,
eine Frittenliese, die nicht wußte, daß
in eine französische Salatsoße *das* und *das*
reingehört; er hechelt die schönen Künste durch,
bis ich die schönen Künste hasse
und nur noch eine saubere Lösung sehe:
zurück in die nächste Kneipe, zurück
auf den Rennplatz und den Pferden zusehen,
zurück zu Dingen, die von selber laufen,
ohne dieses hochtönende Gelaber,
dieses endlose Geschwätz, den kleinen Mund
der drauflos quasselt, die fickrigen Augen;
ein Junge, ein Kind noch, krank vor lauter Kunst,
er klammert sich dran wie an die Schürze einer Mutter,
und ich frage mich, wieviele Zehntausende im Land
genauso sind wie er
in regnerischen Nächten
an sonnigen Morgen
an Abenden, wo man seine Ruhe will
in Konzertsälen
in Cafés
bei Dichterlesungen;
die Verhunzer mit ihrem Geschwätz und Palaver.

Es ist, wie wenn ein Schwein
mit einer guten Frau ins Bett steigt,
die man danach nicht mehr
haben will.

Liebe & Ruhm & Tod

Es sitzt jetzt vor meinem Fenster
wie eine alte Frau, unterwegs zum Markt;
es sitzt da und beobachtet mich,
es ist nervös, sein Schweißgeruch
dringt durch Maschendraht und Smog und Hundege-
bell
herein, bis ich ganz plötzlich
mit einer Zeitung auf das Fliegengitter dresche,
als würde ich nach einer Schmeißfliege schlagen.
Man konnte den Schrei in der
ganzen Stadt hören.
Dann ging es weg.

Ein Gedicht wie dieses
kann man nur damit beenden,
daß man plötzlich
verstummt.

Mein Vater

Er trug immer ein Stück Kohle,
eine Messerklinge und eine Peitsche
mit sich herum, und nachts
hatte er Angst vor seinem eigenen Schädel
und deckte ihn mit Tüchern ab.
Eines Morgens schneite es
in Los Angeles,
und ich sah mir den Schnee an,
und da wußte ich, daß mein Vater über nichts
Gewalt hatte;
und als ich ein bißchen
größer war, riß ich
mit meinem ersten Güterzug
von zuhause aus,
ich saß da auf
den Kalksäcken,
und der Kalk ätzte mir
ins Bewußtsein, daß ich
nichts hatte,
und als es raus
in die Wüste ging,
konnte ich
zum ersten Mal
singen.

Der Vogel

Benebelt und mit genauso
roten Augen wie ich
kam der Vogel angeflogen,
die ganze Strecke von Ägypten,
um 5 Uhr morgens,
und Maria kippte fast aus ihren Pumps:
Was war denn *das*? Eine Rakete?
Wir gingen zusammen nach oben,
ich goß zwei Gläser Portwein ein,
und wir saßen da, während die Geldwechsler
aus ihren elenden Nestern getrieben wurden,
und Maria ging aufs Klo und
pißte in die Schüssel, und ich
saß da, strich mir über meinen
drei Tage alten Bart und
dachte über diesen irren Vogel nach
und dabei kam folgendes heraus:
das einzig Entscheidende war
daß man wohin ging,
je schneller desto besser,
denn das verkürzte das Warten
auf den Tod.
Maria kam wieder raus, zog die
Bettdecke zurück, und ich
riß mir meine schmierigen Klamotten runter
und kroch unter das verschwitzte Laken,
machte die Augen zu, vergaß
den Lärm und die grelle Sonne,
ich hörte, wie sie ihre Pumps von
den Füßen streifte, spürte
ihre eiskalten Zehen
hinten an meinen Waden,

sachte, rauf und runter,
und ich nannte den Vogel
Mr. America
und schlief auf der Stelle ein.

Der Einzelgänger

Da sind sie, die Klippen
über dem Meer,
es ist Nacht, spät in der Nacht,
ich habe nicht schlafen können,
und jetzt klettere ich
an den Klippen abwärts,
mein Auto steht da oben
wie eine stählerne Mama,
Geröll bricht unter meinen Füßen,
ich schürfe mir die Haut auf
an hirnlosen verkrusteten Algen,
unbeholfen steige ich hinunter,
komme mir fehl am Platz vor,
ich störe an diesem Strand,
rings um mich herum liegen die Pärchen.
Bestien mit zwei Köpfen,
sie drehen sich um, starren ihn an,
den Spinner, den Einzelgänger.
Beschämt gehe ich zwischen ihnen durch,
steige auf einige nasse Felsen,
an denen sich die Brandung bricht
in weißen Gischtfahnen;
das Licht des Mondes liegt naß
auf dem kahlen Stein,
und jetzt wo ich hier bin
will ich es plötzlich nicht mehr,
das Meer stinkt
und gurgelt wie eine
Klosettspülung,
es ist ein schlechter Platz zum Sterben.
Jeder Platz ist ein
schlechter Platz zum Sterben,

aber dann doch lieber ein gelbes Zimmer
mit Wänden, die man kennt,
und eingestaubten Lampenschirmen; deshalb,
nach wie vor stupid und
fehl am Platz wie ein Schakal
unter Löwen, geh ich jetzt wieder
zwischen ihnen durch, ihren Decken
und Feuern und Küssen, ihrem
sandigen Gerammel,
steige wieder die Klippen hoch,
noch elender als zuvor,
trete Erdklumpen los, und da ist
der schwarze Himmel,
hinter mir das schwarze Meer,
das Spiel, in das ich mich verirrte,
ich habe meine Schuhe bei denen
da unten gelassen, zwei leere Schuhe;
im Auto, ich lasse den Motor an,
schalte die Scheinwerfer ein,
setze zurück, schlage links ein, fahre
nach Osten, landeinwärts,
die nackten Füße auf dem abgewetzten
Gummi der Pedale,
weg von da,
und suche mir einen
anderen Platz.

II. Gedichte 1963–1965

Kruzifix in einer Totenhand

Ja, dort hinten, glaube ich, fangen sie an,
die Berge, blau wie Wäschestärke, dort
hinter den Trauerweiden machen sie sich
breit, als wollten sie Pumas und Nektarinen
niederwalzen. Diese Berge – irgendwie
kommen sie mir vor wie ein altes Weib mit einem
schlechten Gedächtnis und einem Einkaufskorb.
Wir sind hier in einem Bassin. So hat man sich's
jedenfalls vorzustellen. Unten, im Sand
und in den Gassen; das Land eingestampft,
ausgebaggert, zerteilt; umklammert
wie ein Kruzifix in einer Totenhand.
Dieses Land: gekauft, verkauft, zurückgekauft
und erneut verkauft; die Kriege längst vorbei,
die Spanier alle abgezogen, wieder zurück
in ihrem mickrigen Fingerhut von Spanien.
Grundstücksmakler, Bauunternehmer, Grund-
eigentümer und Tiefbau-Ingenieure
balgen sich jetzt darum. Dies ist ihr Land,
und ich gehe darauf herum, lebe darauf,
eine kleine Weile, hier am Rand von Hollywood,
wo ich in Zimmer sehe mit jungen Männern,
die sich polierte Schallplatten anhören,
und an alte Männer denke, denen Musik
nichts mehr gibt, denen alles verleidet ist;
und der Tod, denke ich, ist manchmal
so gewollt wie ein Selbstmord, und wenn man
zu dem Land hier zurückfinden will,
geht man am besten zurück zum
Grand Central Market und sieht sich
die alten Mexikanerinnen an, die Armut ...
ich bin sicher, ihr habt vor vielen Jahren

dieselben Frauen gesehen, wie sie sich stritten
mit denselben jungen japanischen Verkäufern,
die schlagfertig, routiniert und goldgelb
ihr glänzendes Geschäft machten mit Orangen,
Äpfeln, Avocados, Tomaten, Salatgurken –,
und wie *die* aussehen, wißt ihr ja: sie sehen
so gut aus, als könnte man sie alle essen
und anschließend eine Zigarre rauchen und
im blauen Qualm die schlechte Welt vergessen.
Dann geht man am besten zurück in die Kneipen,
dieselben Kneipen, holzgetäfelt, schal, gnadenlos,
grün vor Polizisten, die zwischen den Tischen
durchgehen und entschlossen dreinsehen und
Angst haben; und das Bier ist immer noch schlecht,
es schmeckt bereits nach Kotter und Zerfall,
und es gehört einiges dazu, über diesen Geschmack
hinwegzukommen, und über die Armut, und über sich
                                                    selbst
und die Einkaufstüte zwischen den Füßen, die satt
und zufrieden dasteht mit ihren Avocados und
Orangen und frischen Fischen und Weinflaschen,
wer denkt da an einen Winter in Fort Lauderdale?
Vor 25 Jahren gab es hier eine Nutte, die war
auf einem Auge blind, unmäßig fett, und machte
kleine silberne Glöckchen aus dem Stanniolpapier
von Zigarettenschachteln. Auch die Sonne
wärmte damals noch besser, obwohl das wahrschein-
                                                    lich
nur Einbildung ist, und du nimmst deine Einkaufstüte
und gehst hinaus, die Straße lang,
und das grüne Bier hängt dir direkt überm Magen
wie ein kurzer kläglicher Schal, und
du siehst dich um
und siehst nirgends mehr
alte Männer.

Ich bin ein Panther, der platt am Boden liegt
und die Betonwände anfaucht, und ich bin
wütend auf triste Abende ohne Ventilatoren,
und ich bin wütend auf euch, und es wird kommen
wie eine Rose, wie ein Mann, der durchs Feuer geht
es wird schimmern wie eine unsichtbare Trompete
in einem Koffer, die Augen werden
riechen wie Bratwürste, an den Füßen
werden kleine Propeller sein, und es
wird dich umarmen in Bayonne, und
die Matrosen werden lächeln,
und mein Herz, als habe man es
aus einer Krebsgeschwulst geschnitten,
wird wieder fühlen und schlagen, fühlen
und schlagen – doch dieser Abend heute
ist verkorkst wie eine eingerostete
Muskete, der Sexriemen baumelt
wie ein Henkerstrick, und der Baum
rafft sich auf und ruft: Juli.
Und die Hoffnung verpufft zu Staub
in alten Pappbechern mit geschrumpften
Spinnenleichen, die Namen haben wie alte
europäische Städte. Schlacke, Sabber
aus dem Mund von Irren, Eisenräder.
Bohrtürme ragen aus Fisch-
schwärmen und saugen das graue Gas der Liebe
aus der Erde, und die Palmen auf den Klippen
wedeln und wedeln im warmen gelben Licht,
während ich in einen Drugstore gehe,
um mir Zahnpasta zu kaufen, Pariser,
Fotos von Fröschen, die neueste Ausgabe des
›Verbraucher-Report‹, 50 Cents, denn ich verbrauche

und werde verbraucht und würde gerne wissen
an diesem tristen Abend
was wohl die ideale Rasierklinge für mich wäre,
oder vielleicht könnte ich mir einen Kombi
anschaffen oder einen Stereo-Empfänger
oder eine Filmkamera, sagen wir mal,
8 Millimeter, unter 55 Dollar, oder
eine elektrische Bratpfanne, silbern
wie die Schädelplatte eines Götzen,
nachdem sie die Bombe abgeworfen haben, BÄNG,
und das Gras verröchelt, und die Liebe stirbt,
und die Liebe zuckt wie ein Fisch-
schwanz in zerrissenen Netzen, ein letztes
Flackern in meinen Augen, alles,
was von mir noch übrig ist an diesem
letzten tristen Abend, die Bands
haben sich selbst gekillt, der Jahrmarkt
ist weitergezogen, und das Gebäude des
Christlichen Vereins Junger Mädchen haben sie
aufgelassen wie einen Riesenballon, der jetzt
hinaustreibt aufs Meer, voll von kreischenden
reizenden einsamen
Girls.

Gras

Stehe am Fenster und
sehe einem Mann zu,
der den Rasen mäht
die knatternden Geräusche
fegen herein, rasen
wie Fliegen und Bienen
über die Tapete,
es ist wie ein wärmendes
Feuer, besser als ein Steak,
und das Gras ist grün genug
und die Sonne ist Sonne genug,
und der Rest meines Lebens
steht da,
sieht der grünen Spreu nach
die zur Seite fliegt –
ein Gefühl, als würden
die letzten Sorgen wegrasiert,
als stolpere man davon,
um nie mehr was zu tun.

Plötzlich verstehe ich
alte Männer in Schaukelstühlen,
Fledermäuse in Höhlen von Colorado,
winzige Läuse, die toten
Vögeln in die Augen kriechen.

Auf und ab zieht er seine
Bahnen mit dem Benzin-
motor. Es ist nicht
uninteressant. Die Straßen
liegen auf dem Rücken,
genießen den Frühling
und lächeln.

Bohnen mit Knoblauch

Es ist schon wichtig, daß du
aufschreibst, wie dir zumute ist,
es ist besser, als wenn du dich
rasierst oder dir Bohnen mit
Knoblauch machst. Es ist das Wenige,
was wir tun können, dieses kleine
bißchen Mut, uns klar zu werden
über uns selbst, und natürlich
liegt auch Wahnsinn und Angst
in diesem Wissen,
daß ein Teil von dir
ein Uhrwerk ist, das einmal
stehenbleibt und nicht mehr
aufgezogen werden kann.
Doch jetzt
tickt es noch unter deinem Hemd,
und du rührst die Bohnen um
mit einem Löffel . . .
eine Geliebte tot, eine andere fort,
eine andere . . .
ah! so viele Geliebte wie Bohnen,
ja, zähl sie mal alle auf –
traurig, traurig
wie deine Gefühle ver-
brutzeln auf dem Herd.
Schreib das auf.

Mama

Hier liege ich
        unter der Erde
            mit offenem
                Mund
        und
    kann nicht mal mehr
        Mama sagen
            und
die Hunde kommen vorbei, bleiben
stehen und pissen meinen
Grabstein an; ich muß auf nichts verzichten
nur auf die Sonne
und mein Anzug ist in schlechtem
                        Zustand
und gestern
            fiel mir der Rest
                von meinem linken Arm ab.
Kaum noch was übrig
wie eine Harfe
ohne Saiten.

Ein Besoffener im Bett
der mit brennender Zigarette einschläft
kann wenigstens noch 5 Löschzüge
und 33 Mann
in Bewegung setzen.

Ich kann
        nichts
            mehr.

P. S. – Hector Richmond im Grab

nebenan denkt immer nur an Mozart und
Raupen aus Zuckerguß. Er leistet mir
sehr schlechte
              Gesellschaft.

Maschinengewehre, Wachttürme und Stechuhren

Ich fühle mich geneppt von Schwachköpfen,
als sei Realität das Eigentum von
kleinkarierten Geistern mit
Glück und einer Startvorgabe,
und ich sitze in der Kälte
und denke an violette Blumen
an einem Zaun;
während alle anderen
Gold horten
und Cadillacs und
Freundinnen,
denke ich an Palmwedel
und Grabsteine
und das kostbare Geschenk,
schlafen zu können
wie in einem Kokon;
eine Eidechse zu sein,
wäre schlimm genug,
in der Sonne zu rösten
wäre schlimm genug,
aber nicht so schlimm
wie getrimmt zu werden
auf männliche Statur und
ein Männerleben und das
öde Spiel nicht zu wollen:
Maschinengewehre und Wachttürme
und Stechuhren,
Autowäsche,
sich einen Zahn ziehen lassen,
Armbanduhren, Manschettenknöpfe,
Transistorradio,
Pinzetten und Watte,

eine Hausapotheke voll Jod,
Cocktailparties,
Gesangverein,
neue Schuhe, Weihnachtsgeschenke,
Lebensversicherung, ›Newsweek‹
162 Baseballspiele,
ein Urlaub auf den Bermudas –
nichts, nichts von alledem zu wollen.
Und ich sage mir, die violetten Blumen
sind besser dran als ich,
die Eidechse ist besser dran,
der dunkelgrüne Gartenschlauch,
das unverwüstliche Gras,
die Bäume, die Vögel,
die Katze, die in der buttergelben
Sonne träumt,
alle besser dran als
ich, der jetzt diesen alten Mantel anzieht,
nach Zigaretten sucht,
nach den Autoschlüsseln,
nach einer Straßenkarte für den
Weg zurück.
Ich geh hinaus
die Einfahrt runter
wie zu einer Exekution,
ich gehe darauf zu,
unbeirrt,
gehe hinein
ohne eine
Eskorte,
fahre darauf zu,
rase ihm entgegen
mit 110 Stundenkilometern
auf dem Schleudersitz,
fluche, lasse Zigaretten-
asche fallen, umweht

asche fallen, umweht
von der tödlichen Asche
aller tödlichen brennenden
Dinge,
die Raupe kennt weniger
Schrecken,
die Ameisenheere sind
tapferer,
der Kuß einer Schlange
nicht so tierisch und wild;
ich will nur noch, daß der Himmel
mich versengt, bis ich ausgebrannt bin,
daß die Sonne um 6 Uhr morgens
anfängt und bis nach Mitternacht
oben bleibt,
ich fahre darauf zu,
als wär's die Haustür eines Besoffenen,
die immer offen steht,
ich will es nicht,
aber ich kriege es, ich
kriege es rein,
während die Katze
sich streckt, gähnt
und einem neuen Traum
entgegendämmert.

Laß dich hier nicht blicken

Yeah, klar werd ich zu Hause sein,
es sei denn, ich bin woanders;
klopf nicht an, wenn kein Licht brennt
oder wenn du Stimmen hörst; es kann auch sein
daß ich gerade Proust lese, falls mir jemand
Proust unter der Tür durchschiebt
oder einen Knochen von ihm, für meinen Eintopf:
und ich kann dir weder Geld leihen
noch meinen Wagen, oder was davon
noch übrig ist, und telefonieren
kannst du hier auch nicht;
die Zeitung von gestern, die kannst du haben,
ein altes Hemd oder einen Bologna-Sandwich
oder auf der Couch schlafen
falls du nachts nicht schreist,
und reden kannst du auch, über dich,
das ist nur normal;
es sind harte Zeiten für uns alle,
nur daß ich nicht versuche,
mir eine Familie zuzulegen
und Söhne in Harvard studieren zu lassen
oder mir ein Jagdrevier zu kaufen;
ich will nicht hoch hinaus,
ich versuche bloß, noch eine Weile
über die Runden zu kommen;
deshalb, wenn du gelegentlich anklopfst,
und ich mach dir nicht auf,
und es ist auch keine Frau hier drin,
dann hab ich vielleicht 'ne gebrochene Kinnlade
und suche gerade nach einem Stück Draht,
oder ich mache Jagd auf
die Schmetterlinge meiner Tapete;

ich meine, wenn ich nicht aufmache
dann mach ich eben nicht auf; und das heißt,
ich bin noch nicht soweit, daß ich dich
umbringen will oder lieben
oder auch nur akzeptieren;
es heißt: ich will nicht reden,
ich hab zu tun, ich bin verrückt, ich bin froh,
oder vielleicht mach ich mir gerade
einen Strick an der Decke fest;
also: auch wenn mal Licht brennt
und du was hörst, so was wie
Atmen oder Beten oder Singen,
das Radio oder das Rollen von Würfeln
oder Tippen – geh weg,
es ist nicht der Tag, die Nacht, die Stunde;
es ist nicht die Unhöflichkeit von einem
der es nicht besser weiß,
ich will keinem weh tun, nicht mal
einer Wanze; es ist nur so, daß mir
manchmal Erkenntnisse kommen, die ich
erst mal sortieren muß,
und deine blauen Augen, falls sie blau sind,
und dein Haar, falls du welches hast,
oder deine Gedanken – die können hier nicht rein,
bis der Strick entweder geknüpft
oder abgeschnitten ist, oder
bis ich mich rasiert habe
vor neuen Spiegeln,
bis die Welt
entweder angehalten
oder aufgesprengt ist
für immer.

Eintopf

Heute gibt's Eintopf zu Mittag, mein Schatz;
und sieh mal die Ameisen, das Sägemehl, die Topf-
pflanzen, und die Schatten der Banken
ziehen sich lang wie schlechte Witze;
was meinst du: ob sie heute
›Die verkaufte Braut‹ im Radio bringen?
Was macht dein Zahn?

Ich sollte mir die Füße waschen und
die Fingernägel putzen;
nicht daß ich mich dann
mehr wie Jesus fühle,
sondern weniger
wie ein Aussätziger –
und das kann wichtig sein
wenn man nicht mehr hat
womit man sich die Zeit
vertreiben kann.

Mal sehn: zuerst die Post,
dann die ›Times‹ von gestern.
Könnte sein,
daß wir auf die Tour
mit einem Tag Verspätung
in die Luft fliegen.

Dann in die Bibliothek oder
ein Spaziergang auf den Boulevards.

Auf den Boulevards sind schon
viele große Männer spazieren gegangen,
aber ein großer Mann zu sein
ist ein schreckliches Los:

man kommt sich vor wie ein Affe,
der 5 Pfund Kartoffeln auf einen
12 Meter hohen Berg schleppt.
Paris kann warten.

Noch Salz?

Wenn wir gegessen haben,
laß uns schlafen, laß uns schlafen.

Wozu wach bleiben, wenn es für uns
doch nichts zu holen gibt.

Lilien in meinem Hirn

Die Lilien stürmen mein Hirn,
weiß Gott, weiß Gott,
wie Schlägertrupps von der SA!
Was meinst du, ob ich langsam
kirre werde?

Dein blauer Pullover,
in dem die Titten locker
baumeln, und ich
denke verschwommen an Christus
am Kreuz, ich weiß gar nicht
warum, und an Eis
am Stiel. An diesem Julitag
stürmen Lilien mein Hirn; daran
werd ich noch lange denken.
Aber hätte ich doch bloß
einen Fotoapparat
oder einen großen Hund,
der neben mir her-
geht. So ein großer Hund
macht alles konkret,
findest du nicht auch?
Ein großer Hund, der seine
Rotznase in Falten legt
wie dieser See hier,
dem ein rascher und cleverer Wind
die glatte Oberfläche versaut.

Du bist hier, und trotzdem
bin ich deprimiert. Ich spüre
meine Schweinskotelett-Rippen
über meinem Lammkotelett-Herz,

äh, und die dämlichen Gedärme
die sich redlich abmühen,
meinen mutlosen Penis,
die Kaugummi-Blase,
die verfettete Leber, träge
wie eine Forelle, die sich
überfressen hat,
die verschämten Arschbacken,
die praktischen Ohren,
die Motten-Pfoten,
die Speerfisch-Nase,
den krummgeschlagenen Mund
und den ganzen Rest:
die Lilien in meinem Hirn,
das auf bessere Zeiten hofft,
an alte Zeiten denkt –
Capone und die Diamanten,
Charlie Chaplin,
Laurel und Hardy,
Clara Bow
und den Rest.

Es wurde nie Wirklichkeit,
doch manchmal *schien* es so,
als würde der Zerfall
stoppen wie eine Straßenbahn
an der Ampel.

Jetzt, wie ein
Fatzke im Film
(mit Lilien oben drin),
nehme ich dich an der Hand,
und wir gehen los,
um uns ein Boot zu mieten
und damit abzusaufen. Ich atme den
Wind ein, will meine Muskeln

spielen lassen, doch es
wackelt nur mein
Bauch.

Wir steigen ein.
Die Schraube quirlt den
Schmant.
Die Hochhäuser klappen
auf uns herunter
wie Straußenschnäbel
und hacken uns
das Hirn heraus.
Die Sonne
knallt rein,
zap! zap! zap!
glitzernde Bakterien
kriechen uns über die
schrundige Haut. Mein Gott,
ich komm mir vor
wie in der Kirche: alles
stinkt. Ich halt mich fest
an meinen Bauchfalten,
die sich nach allen
Seiten ziehn wie Gummi,
meine Eier schmelzen,
ich sehe kranke Glocken von Malaria,
sehe alte Männer ins Bett
kriechen, in Model-T Fords,
während unter uns die
Fische schwimmen, voll von
schmierigen Wörtern und Makkaroni
und Kreuzworträtseln
und dem Tod von dir und mir
und den Katzenjammer Kids.

Ein toter Außenseiter

Ich bin tot, aber ich weiß,
daß Tote nicht so sind wie ich.
Die Toten können schlafen,
sie stehn nicht auf und schreien los,
sie haben keine Frau.

Ihr weißes Gesicht,
wie eine Blume hinter
einer Fensterscheibe,
hebt sich und
sieht mich an.

Der Vorhang raucht eine Zigarette,
und eine Motte kommt ums Leben
bei einem Unfall auf dem Freeway,
während ich die Schatten
meiner Hände betrachte.

Eine Eule, so groß wie ein Baby-Wecker,
läutet nach mir; *mach schon, mach schon,*
sagt sie, während man Jerusalem
durch die verschwitzten Flure schleppt.

Dem Gras um 5 Uhr morgens läuft die Nase,
Schlachtschiffe dröhnen in den Tälern
im totgefickten Licht, aus dem
die Vögel des Faschismus kommen.

Ich mach das Licht aus, lege mich
zu ihr ins Bett, sie denkt tatsächlich
ich sei hier und murmelt einen rosigen Dank,
während ich die Beine strecke in meinem Sarg

und davonschwimme, weg von Fröschen und dem
Glück der Lebenden.

Wie ein Veilchen im Schnee

In aller Herrgottsfrühe
  am blauköpfigen Mittag
    schick ich dir ein Telegramm
eine knochige Hand
mit einem kunstseidenen
Ärmel dran
        ein großer Kerl
mit gelben Zähnen und einem
epileptischen Vater
           wird es dir
       an die Tür bringen
  lächle
      und
        nimm es
            an
es ist besser als
das, was dir sonst
blüht.

Brief aus zu großer Ferne

Sie schrieb mir einen Brief
aus einem kleinen Zimmer
in der Nähe der Seine.
Sie sagte, sie nehme Ballett-
unterricht. Sie stehe auf,
sagte sie, um 5 Uhr morgens,
und schreibe Gedichte
oder male,
und wenn ihr nach
Weinen zumute sei,
habe sie dafür
eine spezielle Bank
unten am Fluß.

Ihre *Songs*
kämen im Herbst
als Buch heraus.

Ich wußte nicht, was ich
ihr sagen sollte,
aber
ich sagte ihr,
sie solle sich faule Zähne
unbedingt ziehen lassen
und sich in acht nehmen
vor französischen
Schürzenjägern.

Ich steckte ihr Foto
ans Radio
neben dem Ventilator,
und es bewegte sich,

als sei es
lebendig.

Ich saß da und sah es an,
bis ich meine letzten
5 oder 6 Zigaretten
geraucht hatte.

Dann stand ich auf
und ging zu Bett.

Mann in der Sonne

Sie liest mir was aus dem ›New Yorker‹ vor,
den ich mir nie kaufe, ich weiß gar nicht,
wie der hier reinkommt, jedenfalls,
es hat was mit der Mafia zu tun,
es geht um einen Mafia-Boß,
der zuviel schlemmte und es
im Leben zu leicht hatte,
zu viele schöne Frauen, die ihm
die Eier tätschelten, und er
lutschte teure Zigarren und
junge Titten und wurde fett davon,
und jetzt kriegt er immer
Herzanfälle – und eines Tages
fährt ihn jemand in seinem großen Auto
die Straße lang, und ihm wird flau,
und er sagt zu dem Jungen, er soll
anhalten und ihn aussteigen lassen,
und der Junge legt ihn am Straßenrand
in die warme Sonne. Ich weiß nicht mehr
ob es sich um Kreta handelt oder Sizilien
oder um das italienische Festland,
jedenfalls, er liegt da in der Sonne
und bevor er stirbt, sagt er:
Wie schön doch das Leben sein kann.
Und dann ist es aus mit ihm.

Manchmal muß man erst vier oder fünftausend
Männer killen, ehe man irgendwie
zu der Einsicht gelangt, daß der Sperling
unsterblich ist, Geld wie Pisse verdunstet
und man sein Leben
vertan hat.

Highball-Alice

Gestern gab mir
Highball-Alice
betrunken wie immer
ein Glas Quittenmarmelade
und heute pfeift sie
ihrem Kater
aber der kommt
und kommt nicht –
er ist beim Pferderennen
sitzt vor einem Faß Bier
oder in Zimmer 21
im Crown Hill Hotel
oder er ist in der
Crocker Citizens
National Bank
oder ist morgens
um halb sechs
in New York City
angekommen
mit einem Pappkoffer
und sieben
Dollar.

Neben Alice
auf ihrem Vorplatz
geht eine Papiergans
verkehrt herum
auf einem Karton
mit der Inschrift:
California Oranges.

Highball-Alice pfeift
aber es nützt nichts, es
tut sich nichts.
Mach halblang.
Alle brechen sich einen ab
nur die Götter
nicht.
Alice geht rein
auf einen Drink
kommt wieder raus
zieht einen Pfiff ab
der noch auf einer
Parkbank in El Paso
zu hören ist –
und ihr Liebling kommt
aus den Büschen gerannt
seine Augen leuchten
wie ein Farbfilm
(er muß ja auch
Montag früh
nicht zur Arbeit).

Wir gehen
zusammen
rein.

Experten

frag die Pflastermaler von Paris
frag den Hund der in der Sonne schläft
frag die 3 Schweine
frag den Zeitungsjungen
frag die Opern von Donizetti
frag den Frisör
frag den Mörder
frag den Mann der an der Hauswand lehnt
frag den Prediger
frag den Tischler
frag den Taschendieb oder den
    Pfandleiher oder den Glasbläser
    oder den Düngemittelhändler oder
    den Zahnarzt
frag den Revoluzzer
frag den Mann der seinen Kopf
    in den Rachen des Löwen steckt
frag den Mann der die nächste Atombombe
    abwerfen wird
frag den Mann der sich für Christus hält
frag die Drossel die abends zurück
    in den Käfig kommt
frag den Voyeur
frag den Mann der an Krebs stirbt
frag den Mann der dringend ein
    heißes Bad braucht
frag den Einbeinigen
frag den Blinden
frag den Mann mit der Hasenscharte
frag den Opiumesser
frag den Chirurgen mit der
    zittrigen Hand

65

frag die Blätter auf denen du gehst
frag einen Lustmörder oder einen
      Straßenbahnschaffner oder
      einen alten Mann der Unkraut
      jätet in seinem Garten
frag einen Blutsauger
frag einen Flohzirkus-Direktor
frag einen Feuerschlucker
frag den ärmsten Wicht den du
      finden kannst, in seinem
      größten Jammer
frag einen Judo-Lehrer
frag einen Elefantenführer
frag einen Aussätzigen, einen
      Lebenslänglichen, einen mit TB
frag einen Professor der Geschichte
frag den Mann der sich nie die
      Fingernägel putzt
frag einen Clown oder frag den ersten
      der dir morgens über den Weg läuft
frag deinen Vater
frag deinen Sohn und seinen
      ungeborenen Stammhalter
frag mich
frag eine ausgebrannte Glühbirne
      in einem Müllsack
frag die Verführten, die Verdammten,
      die Dummen, die Klugen, die
      geschundenen Kulis
frag die Erbauer von Tempeln
frag die Männer die nie
      Schuhe an den Füßen hatten
frag Jesus
frag den Mond
frag die Schatten in der Besenkammer
frag die Motte, den Mönch, den Irren

frag den Mann der Karikaturen zeichnet
    für den ›New Yorker‹
frag einen Goldfisch
frag einen Farnwedel zwischen den
    Beinen eines Steptänzers
frag die Landkarte von Indien
frag ein freundliches Gesicht
frag den Mann der sich unter deinem
    Bett versteckt
frag den Mann den du am meisten
    haßt auf dieser Welt
frag den Zechkumpan von Dylan Thomas
frag den Mann der Jack Sharkey die
    Boxhandschuhe schnürte
frag den Mann der trübsinnig in seine
    Kaffeetasse starrt
frag den Klempner
frag den Mann der jede Nacht
    vom Vogel Strauß träumt
frag den Kartenabreißer einer
    Freak Show
frag den Mann der Falschgeld macht
frag den Mann der unter einer Zeitung
    in der Gasse pennt
frag die Eroberer von Nationen und Planeten
frag den Mann der sich gerade einen Finger
    abgehackt hat
frag ein Lesezeichen in der Bibel
frag die Tropfen die vom Wasserhahn
    fallen, während das Telefon klingelt
frag den Meineidbauer
frag den dunkelblauen Lack
frag den Fallschirmspringer
frag den Mann mit den Magenschmerzen
frag das geleckte göttliche
    Auge, das ständig tränt

frag den Jungen mit den Röhrenhosen
in einer teuren Kunstakademie
frag den Mann der in seiner
Badewanne ausrutschte
frag den Mann den der Hai
in Fetzen riß
frag den der mir die zwei ungleichen
Handschuhe verkauft hat
frag die und alle die ich ausgelassen habe
frag das Feuer das Feuer das Feuer –
frag selbst die Lügner
frag wen du willst und wann du willst
egal an welchem Tag, egal ob es
regnet oder schneit oder du
auf eine Veranda hinausgehst
in einer gelben Aura die dich wärmt
frag diesen und jenen
frag den Mann mit Vogelscheiße im Haar
frag den Tierquäler
frag den Mann der sich in Spanien
eine Menge Stierkämpfe angesehen hat
frag die Besitzer von neuen Cadillacs
frag die Berühmten
frag die Ängstlichen
frag den Albino und den Staatsmann
frag die Hausbesitzer und die
Billardspieler
frag die falschen Fuffziger
frag die bezahlten Killer
frag die Glatzköpfe und die Dicken,
die Großen und die Kleinen
frag die Einäugigen, die Rammler und
die Impotenten
frag die Männer die sämtliche
Leitartikel lesen
frag die Männer die Rosen züchten

frag die Männer die so gut wie keine
    Schmerzen spüren
frag die Sterbenden
frag die Rasenmäher und die
    Football-Fans
frag irgendeinen oder frag sie alle
frag frag frag, und sie
    werden dir alle bestätigen:

*ein keifendes Weib am Treppengeländer
ist mehr als ein Mann ertragen kann.*

Ein schöner Tag

Der Virus hält sich eisern
die Ideen gehn zu Bruch wie
mürbe Schnürsenkel
Zahnweh und Schinken tanzen
auf dem Rasen
ich ziehe eine
Schublade auf: ranzige
Socken
das Universum eines
Börsenmaklers
Kugellager eiern
wie Schmetterlinge
ich spüre das nahe
Verderben
als rege es sich
unter den Laken wie ein
Borstenvieh, das stinkt
und sich an mich drängt
der Briefträger hat den
Verstand verloren
er übergibt mir
einen Umschlag voll Schnecken
die der Rattenzahn der Fäulnis
von innen heraus zerfressen hat
im Irrenhaus küßt ein Mann
die Wände
und träumt, er sei
auf einem Segelboot
auf irgendeinem kühlen Nil
ich lese die Berichte vom
Stierkampf und Baseball und
Boxen

die Balgerei geht immer weiter
und in den Kirchen spielen sie Bingo
und sehen den Weibern unter die Röcke
ich geh hinaus in eine
gähnende Leere,
ein rundes Viereck von einer
gelben Null
Charaktermasken mit obszönen Mündern
die sich mir entgegen
stülpen
wie Saugnäpfe.
    Guten Morgen, sagt ein fettes Weib,
    schöner Tag heute, nicht?
ich kann ihr nichts antworten
ich gehe weiter, die Straße runter
es ist mir peinlich
ich bringe es nicht fertig, ihr zu sagen
daß das Messer in mir steckt
die Sonne scheint, das wenigstens
fällt mir auf
und die Blumen ziehn sich hoch
an ihrem Stengel
wie ich an meinem:
Bauch, Bauchnabel, Arschbacken, Bukowski
schlingernd, stolpernd
Zähne aus Eis, Geschmack von
Teer im Mund
Tränendrüsen, anfällig
für jede Propaganda
nur die Schuhe benehmen sich
wie Schuhe
und ich komme an, pünktlich
auf die Minute
in der sengenden Mittagshitze
des Jammers.

III. Gedichte 1965–1968

K. O.

Er war ein leichter Gegner, fett
wie eine Hummel, ich brachte ihn
außer Atem, die Linke ein paarmal vor,
die Rechte unter seiner Deckung durch,
ich ließ mir Zeit; alle tranken Bier
und warteten auf den Hauptkampf,
und ich dachte daran, wie wir uns
das Haus einrichten würden, ich
würde eine Werkbank brauchen,
diverses Handwerkszeug, und da
kam er mit einer Rechten
bei mir durch –
ich hatte zu den Deckenlampen hoch-
gesehen, und im nächsten Augenblick
war die Meute am Schreien, und ich
lag auf den Knien, wie zum Gebet,
und als ich hochkam, war er stark
und ich schwach; naja, sagte ich mir,
geh ich halt wieder zurück auf die Farm,
ich war schon immer ein
schlechter Sieger.

Sonntagvormittag

Die Äste brechen, die Vögel stürzen ab, die Häuser
brennen, die Nutten stehen stramm
die Bomben stapeln sich
Abend, Morgen, Nacht
Erdnußbutter
Malteser Falken
aus Erdnußbutter
Regen atmet in meinem Kopf
und wächst mir wie eine
Schwertlilie
aus dem Schädeldach
Beißzangen Kneifzangen
Küsse wie Stahlklammern
Münder voll Motten
hydra-köpfige Schwanzlutscher
Florida unterm Vollmond
Hai mit einem Mundvoll Mensch
Mensch mit einem Mundvoll Erdnußbutter
Regen sickert in den Bauch von
grauen Stunden
Pferde träumen von Pferden
Blumen träumen von Blumen
mein schönes Fleisch, zerfasert
in trüben Stunden, die Pferde
gehen damit durch
das Brot brennt, ganz Spanien
steht in Flammen, Städte
träumen von Kratern
Bomben, größer als jedes Hirn
regnen herab
was ist mit den Weckern los? krähen
sie jetzt schon wie Hähne?

die Hähne stehen auf dem Zaun
die Hähne krähen Erdnußbutter
der Feuerball wird riesig sein und
himmelhoch
nichts nichts nichts
wird seinen Kuß überleben
ich hoffe, es regnet heute, ich hoffe
die Jets verrecken, ich hoffe
die Katze findet eine Maus, ich hoffe
ich muß mir's nicht mit ansehen, ich hoffe
es regnet, ich hoffe mir
alles vom Hals
ich hoffe auf eine Brücke, einen Fisch
einen Kaktus irgendwo, der schnauzbärtig
durch den Mittag trabt, ich träume mir
Blumen und Pferde dazu
die Äste brechen, die Vögel stürzen ab, die Häuser
brennen, meine Nutte kommt durchs Zimmer und
lächelt mich an.

Wie ich einmal die Regierung stürzen wollte, aber nur die Frau eines anderen zu Fall brachte

30 Hunde, 20 Männer auf 20 Pferden
und 1 Fuchs. Und sieh dir an, was sie
dazu schreiben: du bist ein gefundenes
Fressen für Staat und Kirche, mach dir
doch nichts vor, lies nach,
was in den Geschichtsbüchern steht,
mach dich mit dem Geldsystem vertraut
und mit der Tatsache, daß der Rassen-
krieg schon 23 000 Jahre alt ist.

Naja, das erinnert mich daran, wie ich
vor 20 Jahren mit einem alten jüdischen
Schneider zusammensaß, sein Zinken
im Schein der Lampe wie eine Kanone auf den
Feind gerichtet; und dann gab es noch
einen italienischen Apotheker, der
in einem teuren Apartment wohnte, in
der besten Gegend der Stadt; wir planten
den Sturz einer wankenden Dynastie,
der Schneider hatte eine Weste im Schoß und
nähte Knöpfe an, der Italiener fuchtelte mir
mit seiner Zigarre vor dem Gesicht herum und
gab mir Feuer, und ich war selber eine
wankende Dynastie, immer möglichst besoffen,
ein belesener Hungerleider, der an
Depressionen litt, dabei hätte eine
anständige junge Fickliese meinen ver-
biesterten Zustand ohne weiteres kuriert,
aber das wußte ich damals noch nicht.
Ich hörte meinem Italiener und meinem Juden zu,
und ich ging durch dunkle Gassen, rauchte

geschnorrte Zigaretten und sah die Rückfronten
der Häuser in einem Funkenregen zusammenstürzen.
Aber irgendwo kriegten wir dann nicht die
Kurve; wir waren nicht Manns genug, nicht
groß oder klein genug, oder wir wollten
nur davon reden, weil uns langweilig war;
also wurde nichts aus der Anarchie, und der
Jude starb, und der Itaker wurde sauer auf mich,
weil ich immer allein mit seiner Frau
zusammen war, wenn er runter in seine
Apotheke mußte; er war nicht scharf darauf,
daß *sein* Regime gestürzt wurde, und sie
brauchte nicht viel, um flachzuliegen, und ich
hatte immer so ein Schuldgefühl dabei, denn
die Kinder schliefen im Zimmer nebenan.
Einige Zeit danach gewann ich $ 200 in einem
Würfelspiel und nahm den Bus nach New Orleans,
und dort stand ich an einer Ecke und hörte
die Musik aus den Kneipen und dann ging ich
rein in die Kneipen und saß da und dachte
an den toten Juden, wie er immer nur
Knöpfe angenäht und geredet hatte und am Ende
den Löffel abgeben mußte, obwohl er
stärker war als wir alle zusammen –
er gab den Löffel ab, weil seine Blase
nicht mehr mitmachte, und vielleicht war das
die Rettung für Wall Street und Manhattan
und die Kirche und Central Park West und Rom
und das Quartier Latin; aber die Frau des
Apothekers war wirklich in Ordnung,
sie war es leid, Sprengsätze unterm Kopfkissen
zu verstecken und gegen den Papst zu stänkern,
und sie hatte eine recht ansprechende Figur,
sehr gute Beine, ich nehme an, sie empfand
genauso wie ich: der wunde Punkt war nicht
die Regierung, sondern der Mensch, der Einzelne,

Menschen waren nie so stark wie ihre Ideen,
und aus den Ideen entstanden Regierungen
die auch nur aus Menschen bestanden; und so
begann es also mit einem verschütteten Martini
auf der Couch, und es endete in ihrem
Schlafzimmer: das Ende von Sehnsucht, Revolution
und Nonsens, und die Jalousien flatterten im
Wind, rasselten wie Säbel, wummerten wie
ferne Kanonen, und 30 Hunde und 20 Männer
auf 20 Pferden jagten einen einsamen Fuchs
über die Felder unter der Sonne,
und ich stieg aus dem Bett und gähnte und
kratzte mich am Bauch und wußte,
daß ich mich bald, sehr bald schon,
wieder unsinnig besaufen mußte.

Ein ausrangierter Boxer

Er teilte harte Körperhaken aus,
steckte auch selber einiges weg,
er war Boxer mit Leib und Seele,
hatte sieben Siege in einer Reihe
und eine kleine Narbe über dem
einen Auge, und dann traf er
auf einen Jungen aus Camden
mit spindeldürren Armen –
das wurde ein guter Fight,
die Ringlöwen brüllten und
warfen mit Geld um sich;
jeder der beiden mußte
mehrmals auf die Bretter,
aber er verlor diesen Kampf,
und er verlor auch den Rückkampf,
in dem sie beide so gut wie
nichts zeigten, sie hingen
aneinander wie ein Liebespaar,
während die Meute buhte;
jetzt arbeitet er da drüben
für Mike, wechselt Reifen
und Öl und Batterien,
mit seiner Narbe über dem Auge,
immer noch jung,
aber man fragt ihn nicht danach,
man fragt ihn besser gar nichts,
höchstens mal: Meinst du,
es gibt Regen?
oder:
Meinst du, die Sonne kommt raus?
worauf er gewöhnlich antwortet:
Ach was, nee.

Und bis dahin hat man dann
vollgetankt und
fährt weiter.

Klasse

Diese Jungs haben Klasse
man sollte sie zu Königen machen
diese alten Männer
die sich Zigaretten drehen
in Zimmern, die so klein sind
daß einem jeder Schatten
vertraut ist;
für sie
hat sich alles
verflüchtigt
wie ein Lichtschimmer
unter der Tür
aber
sie wissen
um den Verlust
und ertragen ihn;
betrogen und
auf Null gebracht
warten sie auf den Tod
mit der Nachsicht und Geduld
einer Mutter, die ihrem Kind
beibringt, wie man
mit dem Löffel ißt;
für sie ist
alles hin
wie eine Rose im Maul
eines Schweins;
der Brand der Städte
muß einmal genauso
gewesen sein.
Dabei könnten sie
noch einmal hochkommen

diese Jungs
wie Müllautos
bebend vor Liebe;
aufstehen wie Lorca
von seinem Feldweg
mit einem weiteren Gedicht;
auferstehen
wie Lazarus
und staunend
feststellen
daß noch
Weiber leben
und sich dann besaufen
besaufen
bis alles wieder
so traurig
in Scherben fällt.

Cool genug zum Sterben, aber nicht
zum Töten, nehme ich die grüne Tablette ein,
die mir der Arzt verschrieben hat,
und trinke Tee
während die Haie durch Blumen-
vasen schwimmen,
zehnmal im Kreis,
zwanzigmal,
auf der Suche nach meinem
verängstigten Herzen
an einem trübseligen
Sonntagabend im Mai
in Los Angeles.
Irgendwo in der Nähe
hört sich jemand
was von Beethoven an.

Ich sitze hinter meinen
geschlossenen Jalousien
wie in einem Hinterhalt,
während ehrgeizige Männer
mit neuen Autos und
neuen Blondinen
die Straßen beherrschen.
Ich sitze in einem
gemieteten Zimmer,
schnitze mir ein Holzgewehr,
male mit Kinderkreide
nackte Ladies, Stiere,
Liebesaffären,
alte Männer
an die Wände.

Jeder von uns
hat sich einzurichten
in seinem Leben,
so gut er kann,
bekniet und geschlaucht
von Generälen, Ärzten, Polizisten.
Ich bade einmal am Tag,
lasse mich erschrecken
von Katzen und Schatten,
schlafe so gut wie gar nicht.

Wenn mein Herz stehenbleibt,
geht's mit der ganzen Welt
schneller voran, es wird
besser und wärmer,
Sommer folgt auf Sommer,
die Luft wird klar wie
ein Bergsee
und der Sinn des ganzen
auch.

Doch bis dahin
die grüne Tablette,
die schmierigen Fußböden
hier an der Avenue,
irgendwo das Fleckchen Erde,
voll von Würmern Würmern Würmern
und hier oben
keine blonde Nymphe,
die mir das Warten verkürzt
und mich in den Schlaf
liebt.

Der Blumenliebhaber

In den Walküre-Bergen
zwischen den stelzenden Pfauen
entdeckte ich eine Blume
so groß wie mein
Kopf
und als ich mich bückte
um daran zu riechen
verlor ich ein Ohrläppchen
ein Stück von meiner Nase
ein Auge
und eine halbe Packung
Zigaretten.

Ich ging am nächsten
Tag zurück
und wollte das
verdammte Ding
abhacken
aber ich fand es so
schön, daß ich
statt dessen
einen Pfau
killte.

Ein Nachbar

Wenn du ein Mann bist, dann ist Los Angeles
der Ort, wo du dich stellst und
Farbe bekennst; oder wenn du eine Frau bist
und genug Bein und sonst was vorzuweisen hast,
schaffst du damit an, vor der Kulisse
der Berge, so daß du dich, wenn du grau bist,
in einer Villa in Beverly Hills
verkriechen kannst und niemand sieht,
wie abgewrackt du bist.
Das hat uns also hierher gebracht –
und was finden wir vor? Einen
religiösen Spinner im Schuppen nebenan
der billigen Wein säuft und Visionen hat
und sein Radio auf höchster Lautstärke
laufen läßt. Mein Gott! Ich kann inzwischen
sämtliche Spirituals auswendig!
Ich weiß, wie sehr ich gesündigt habe
und daß ich sterben muß und mich
dafür bereit machen muß ... aber erst mal
könnte ich ein bißchen Schlaf gebrauchen,
nur ein bißchen, Schlaf und Frieden und Stille.

Ich mache das Fenster auf, und da draußen,
ist er, auf dem Rasen, und tanzt
zu einer Hymne,
einem Spiritual
oder sonst was.
Er hat eine rote Badehose an,
hat eine satte Sonnenbräune und
Schlagseite von seinem Wein,
aber er bewegt sich eckig und
unbeholfen, er ist zu fett,

verquollen und verformt wie eine
Walnuß, mit 55 Jahren.
Er wedelt mit den Armen in der Sonne,
die Vögel flattern erschreckt davon,
dann torkelt er auf seine Haustür zu
und hinein.
Aber die Straße hier hat auch
ihre guten Seiten – es gibt
Japaner und alte Frauen und
junge Mädchen und Bettler;
wir haben große Palmen,
jede Menge Vögel
und Platz zum Parken.
Nur unser religiöser Spinner
geht keiner Arbeit nach,
dazu ist er zu clever,
und so hängen wir hier
zu zweit herum,
hören Radio,
trinken,
und ich frage mich,
wer von uns beiden wohl
als erster zur Hölle fährt –
er mit seiner Bibel
oder ich mit meiner
Turfzeitung.
Eins weiß ich: wenn ich ihn
auch da unten auf der Pelle habe,
werde ich Hilfe brauchen,
und der nächste Tanz
wird meiner sein.

Im Augenblick wünsche ich mir,
ich hätte was zu verkaufen
und könnte mir ein Versteck leisten
mit dreieinhalb Meter hohen Mauern

und einem Wassergraben
und etlichen Mulattinnen.
Aber es sieht so aus
als hätte ich statt dessen
noch ein paar lange Tage
und Nächte vor mir,
wie immer.
Das Mindeste, was ich
mir erhoffen kann, ist
daß eine Röhre in seinem Radio
schlapp macht; doch meine
größte Hoffnung bleibt
sein Tod, um den wir
beide beten,
für den wir beide
bereit sind.

Er verteilte es auf mehrere
Pakete, sehr ordentlich und
akkurat. Die Beine schickte er
an eine Tante in St. Louis,
den Kopf an einen Scoutmaster
in Brooklyn, den Bauch bekam
ein schielender Metzger in Des Moines,
die Möse ging an einen jungen
Priester in Los Angeles;
die Arme warf er seinem Hund vor,
und die Hände behielt er für sich,
als Nußknacker, und alles übrige,
Brust und Hinterteil und einiges mehr,
verwendete er als Suppenfleisch,
und die Suppe schmeckte eigenartigerweise
besser als alles, was er je
gegessen hatte.

Das Geld aus ihrer Handtasche gab er
für teuren französischen Wein aus,
für Frijoles, ein Pfund Marihuana
und zwei Wellensittiche; außerdem
erstand er die Gesammelten Werke von
Keats, ein großes rotes Kopftuch, eine
Schere mit Elfenbeingriff und
eine Schachtel Pralinen für seine
Zimmerwirtin.

Die nächsten drei Tage und Nächte
trank er und aß und schlief,
und als die Polizei kam
erwies er sich als ausgesprochen nett

und friedlich, und auf der ganzen Fahrt
zum Revier redete er vom Wetter, von der
Farbe der Berge, lauter so Sachen. Niemand
hätte in ihm einen abartigen
Killer vermutet.
Es war schon sehr
merkwürdig.

Platz für die Gassenjungen

Die Jungs kommen herauf,
die Jungs klettern
am Telegraphenmast hoch,
der Boiler gurgelt
auf Spanisch,
die Jungs klettern
am Telegraphenmast hoch –

Dafür hat Karl der Große gekämpft,
dafür zerrten sie den Duce
aus seinem Auto,
zogen ihm das Fell über
die Ohren und hängten ihn
an den Füßen auf –

Die Jungs klettern an
dem braunen Mast hoch,
es sind 3 oder 4;
wir sind hier
gerade eingezogen,
die Bilder sind
noch nicht ausgepackt,
die Briefe aus England
und Chicago und Cheyenne
und New Orleans,
aber das Bier
steht auf dem Tisch,
und daneben liegen 5 Orangen
und 4 Birnen, das Leben
läßt sich also nicht
schlecht an,
wenn man mal absieht

von den 15 Dollar,
die einer abkassierte,
ehe er uns das Gas anstellte;
die Jungs sind jetzt oben
und springen auf die
blaugrünen Garagendächer,
ich stehe nackt
hinter dem Vorhang,
rauche eine Zigarre
und bin ungeheuer
beeindruckt,
als sähe ich
da draußen
die Jungfrau Maria
tanzen;
und aus dem Fenster
nach Norden raus
kann ich 2 Männer sehen,
die 45 Tauben füttern,
und die Tauben tappen
und picken in Kreisen,
immer 8 oder 10 von ihnen
wie an unsichtbaren
Schnüren,
und es ist 3 Uhr
nachmittags,
und die Zigarre
schmeckt.

Dafür hat Cicero gekämpft,
Jake LaMotta und
Waslaw Nijinsky;
aber ich habe seit Wochen
meine Vitamintabletten
nicht mehr geschluckt,
und außerdem hat uns jemand

die Gitarre geklaut.
Die Jungs rennen auf den
blaugrünen Dächern herum,
nach Norden zu
flattern die Tauben auf,
es ist alles so heilig,
daß man schier
verzweifeln möchte,
und ich blase still
den grauen Qualm von mir.
Dann erscheint eine Frau
in einem roten Mantel
offensichtlich eine Lehrerin,
die hier was zu melden hat
und den Jungs
den Platz an der Sonne
nicht gönnt –

    Hey!!! RUNTER
        mit euch!
            Sofort!

Ein wunderschöner Anblick:
wie Hirsche auf der Flucht
vor dem Jäger.

Dafür hat Agrippina gekämpft,
sogar Mithridates,
sogar William Hazlitt.

Und mir bleibt jetzt
nur noch eins:
auspacken.

Gedanken nach dem Versetzen einer Armbanduhr

Meine Armbanduhr, heiß in der prallen Sonne,
da unten im Schaufenster von Finkelstein,
der 3 Eier hat und kein Herz,
aber damit muß man sich abfinden –
wenn der Stier in die Knie geht oder die Hure,
dann bleibt das Herz unter Verputz, in Reserve
für etwas anderes, und überhaupt
soll man von anderen nicht verlangen,
daß sie besonders anständig handeln
denn es kann ja auch passieren, daß man
beim Würfelspiel einen angeschlagenen King
zur Schnecke macht,
der sechs Kinder zu Hause hat
und mit Hämorrhoiden auf seinem letzten Geld
von der Arbeitslosenunterstützung sitzt;
und wer will entscheiden, ob die Rose
besser ist als der Dorn? Ich, Henry,
jedenfalls nicht.
Und wenn deine Frau dicke Knie kriegt
und sich auf Schuhe mit flachen Absätzen verlegt,
dann hättest du dein Ding vielleicht
in etwas anderes reinstecken sollen,
in eine Ölquelle
oder eine Herde Kühe.
Ich bin zu alt, um mich
darüber aufzuregen,
ich habe mich immer nur
auf Gedichte versteift
und bin K. O. gegangen wie ein
blauäugiger Trottel, Runde um Runde;
aber manchmal denk ich auch an den Kaiser
oder sonst ein Arschloch, die Brust

voll Medaillen, und nichts dahinter,
oder wie wir zum erstenmal Dos Passos
gelesen haben oder Eliot mit seinen
aufgekrempelten Hosenbeinen;
die Sonne brennt herunter auf meine Armbanduhr
da unten im Schaufenster von Finkelstein,
aber man weiß ja, was sie sagen:
schlechte Zeiten für uns alle;
und ich erinnere mich, wie ich einmal
auf Trebe in Texas eine Krähenjagd erlebte,
hundert Farmer mit hundert Flinten
würgten dem Himmel einen rein
mit einem gigantischen Penis von Haß,
und die Krähen fielen herunter,
halb tot, halb lebendig,
und sie schlugen sie mit Knüppeln vollends tot,
um Munition zu sparen, und trotzdem
ging ihnen die Munition aus, ehe ihnen
die Krähen ausgingen; und die Krähen
kamen wieder und liefen zwischen den
Patronenhülsen herum und streckten
die Zunge heraus und trauerten um ihre Toten
und flogen nach Hause, um zu ficken
und die Lücken wieder zu füllen.

Man kann nur töten, was es eh nicht geben soll,
und einen Finkelstein soll es geben, und meine
Armbanduhr, und mich selbst vielleicht auch,
und eins wird mir dabei klar: wenn die Gedichte
schlecht sind, dann sollen sie es sein,
und wenn sie gut sind, dann auch; Hauptsache
man geht einem kleinen Fight nicht aus dem Weg.
Und doch, es sind traurige Erinnerungen –
da war ich nun in dieser Kleinstadt
irgendwo in den Badlands, weit ab vom Kurs,
wollte nicht einmal da sein,

zwei Dollar in der Tasche, und einer
von den Farmern drehte sich zu mir um
und wollte wissen, wieviel Uhr es ist,
und ich sagte es ihm nicht.
Und später trugen sie die Viecher zusammen
und verbrannten sie, als wären sie
nichts als Dung mit Federn dran,
Federn und ein bißchen Benzin,
und unten aus einem Haufen
sah eine Krähe heraus, die
noch nicht ganz tot war,
und lächelte mich an.

Es war genau 16.35 Uhr.

Original-Brauereiabfüllung

Alles an meiner
Hand mit der Bierdose
ist traurig
sogar der
Dreck unter meinen
Fingernägeln;
diese Hand,
starr wie die
Hand einer
Maschine –
aber nein:
der magische Druck
mit dem sie sich
um die Bierdose
schließt
ist derselbe
der aus den
Wurzeln kommt
die eine Gladiole
aus der Erde drücken
Luft und Sonne
entgegen
und das Bier
fließt in mich
hinein.

Der Geist, der sauer wurde

Ich hatte eine
Erscheinung,
aber leider
reagierte ich
falsch.
Der Geist sagte nämlich
»Volle Deckung!«
und ich wuchtete ihm
eine in den Magen
und eine unters
Kinn, und als er
platt am Boden lag,
stellte ich fest,
daß es ein Baseball-
spieler von früher war,
Rudy Medriak, der es
in seiner ganzen Karriere
auf eine durchschnittliche
Trefferquote von kümmerlichen
.263 brachte
und sich in einem
Hotel in Montreal
das Leben nahm –
kein Geld, kein Glück, kein
Talent; ein richtiger
Blindgänger.

Der Tanz der Vampire

Wenn es regnet und du am verhangenen
Fenster sitzt mit einer Tasse Curare
oder einer toten Antilope,
und deine Augen blauer sind als die
schönsten blauen Augen aller Girls
in dieser häßlichen Stadt,
dann streich ich dir den Gartenzaun grün
oder kümmere mich um deinen
verstopften Abfluß, und ich
tue es fast umsonst;
wenn der Nebel hereinsickert
wie Weichspüler
und du alte Männer siehst,
die aus dem Fenster starren
hinter Vorhängen,
diese alten Männer, die sich wärmen
am Rauch einer Pfeife,
dann erzähle ich dir Geschichten,
damit du leichtere Träume hast;
doch wenn du mich verstümmelst
und an eine Vogelscheuche nagelst
wie einen billigen Jesus
und es zuläßt, daß mir ein Schuljunge
ein Schild um den Hals hängt,
dann werde ich durch deine
nächtlichen Straßen geistern
mit einem Messer in der Hand
in Schnee und Regen;
auch an ausgelassenen Festtagen
werde ich da sein,
dicht hinter dir,
und wenn ich schließlich will,

daß wir uns begegnen,
wirst du es nicht begreifen,
weil du es nie gewollt hast,
und die Blumen und die Hunde und die
Städte und die Kinder werden dich
nicht vermissen.

IV. Gedichte 1968–1969

In Uruguay oder in der Hölle

Es hätte in Mexiko sein sollen,
Mexiko hatte sie immer gemocht
und Arizona und New Mexico und
Tacos, aber keine Fliegen,
und nun stand ich also da
und wartete –
ausdauernd
und nicht
zu übersehen
in meinem schwarzen
Anzug.

Der Priester war verärgert,
er hatte sich seit Tagen
mit dem Sohn gestritten,
es ging darum, ob die Mutter
ein Recht auf ein katholisches
Begräbnis hatte oder nicht.
Schließlich einigten sie sich:
keine Totenmesse in der Kirche,
aber am Grab, da würde
der Priester sein Ding
sagen.
Dem Priester waren
solche Feinheiten wichtig,
dem Sohn ging es nur um eins:
was ihn das ganze
kosten würde.

Ich war der Liebhaber.
Mir ging es auch um etwas,
aber das war jetzt
tot.

Wir waren nur zu dritt:
der Sohn
die Vermieterin
der Liebhaber. Es war
heiß. Der Priester wedelte
seine Litanei durch die Luft,
und dann war er
fertig. Ich ging
zu ihm hin und
dankte ihm für
die Worte.
Dann gingen wir zurück,
stiegen ins Auto und
fuhren weg.

Es hätte in Mexiko sein sollen,
in Uruguay oder in der Hölle.
Der Sohn setzte mich
vor meiner Wohnung ab
und sagte, wegen des
Grabsteins würde er mir
schreiben, aber ich wußte
daß er log –
wenn sie einen Grabstein bekam
dann würde ihn der Liebhaber
hinstellen.

Ich ging nach oben,
stellte das Radio an
und zog die Spring-
rollos herunter.

Ameisen

Ameisen kriechen mir
über die betrunkenen Arme
und Van Gogh ließen sie
in einem Kornfeld sitzen
und der Welt das Leben auspusten
mit einer Schrotflinte
Ameisen kriechen mir
über die betrunkenen Arme
und Rimbaud ließen sie
Waffen schmuggeln und
unter Felsbrocken
nach Gold suchen
Ameisen kriechen mir
über die betrunkenen Arme
und Pound steckten sie
ins Irrenhaus
und Crane brachten sie soweit
daß er in seinem Schlafanzug
ins Meer sprang
Ameisen, Ameisen kriechen mir
über die betrunkenen Arme
während unsere Schuljungen
nach Willie Mays schreien
statt nach Bach
Ameisen kriechen mir
über die betrunkenen Arme
durch den Alkoholdunst
greife ich nach Surfboards
und Ausgüssen, nach Sonnenblumen,
und die Schreibmaschine plumpst
vom Tisch wie ein Herzanfall
wie ein toter Stier am Sonntag

und die Ameisen kriechen mir
in den Mund und in den Hals
ich spüle sie mit Wein herunter
ziehe die Jalousien hoch
und jetzt sind sie auf
dem Fliegengitter, auf den
Straßen, kriechen
an Kirchtürmen hoch
in Autofelgen hinein
und suchen sich
etwas anderes
zu fressen.

Eine literarische Diskussion

Markov behauptet, ich wolle
ihm die Seele knicken. Aber
seine Frau wäre mir lieber.

Ich lege meine Füße auf
seinen Kaffeetisch,
und er sagt: Im Prinzip
hab ich nichts dagegen,
wenn du die Füße
auf den Tisch legst,
aber der hier hat
wackelige Beine
und kann jeden Augenblick
aus dem Leim gehen.

Ich lasse die Füße
auf dem Tisch. Aber
seine Frau wäre mir lieber.

Ich würde mich lieber,
sagt Markov,
mit einem Straßenbau-
arbeiter unterhalten
oder mit einem
Zeitungsmann. Die sind
wenigstens so nett
und halten sich an die
Anstandsregeln,
auch wenn sie Rimbaud
nicht von Rattengift
unterscheiden können.

Meine leere Bierdose
rollt zu Boden.

Daß ich sterben muß,
macht mir nicht *so*viel
aus, sagt Markov.
Mein Part in diesem Spiel ist,
daß ich das beste machen muß
aus meinem Leben.

Ich packe seine Frau, die gerade
an mir vorbeikommt, und dann
drückt ihre Muschi gegen meinen Bauch,
und sie hat schöne Knie und Brüste,
und ich küsse sie.

Das Alter ist nicht so schlimm,
sagt er jetzt. Man wird ruhiger.
Das Problem ist nur: wie wird man
mit der Ruhe fertig, ohne innerlich
abzusterben. Man darf die Jugend
nicht als minderwertig ansehen,
nur weil man alt ist; und das Alter
soll man nicht mit Weisheit
gleichsetzen, nur weil man mehr
Erfahrung hat. Ein Mann kann
alt sein und trotzdem ein Narr –
viele sind es. Ein Mann kann
jung sein und weise – das sind
die wenigsten. Ein . . .

Menschenskind! heulte ich,
hör auf!

Er stand auf, griff sich
seinen Spazierstock und
ging raus.

Du hast ihm weh getan, sagte sie.
Er hält dich für einen großen Dichter.

Er ist mir zu glatt, sagte ich.
Er weiß zuviel.

Mittlerweile hatte ich
ihre eine Brust heraus.

Es war ein monströses
herrliches
Ding.

Ein Rest

Es steht nicht schlecht, denn ich
bin noch am Leben,
und die Ratten tummeln sich
zwischen den Bierdosen,
und die Müllsäcke regen sich
wie kleine Hunde;
Fotos von ihr stecken
an einem Bilderrahmen,
das Bild ist von einem
toten Deutschen, und sie
ist auch tot, und es brauchte
14 Jahre, um sie kennenzulernen,
und wenn sie mir noch mal 14 geben,
kann ich vielleicht begreifen,
wer sie war . . .
ihre Fotos stecken am Glas,
sie bewegen sich nicht und
sagen nichts, aber ich habe
ihre Stimme auf Tonband
und an manchen Abenden
spricht sie, wieder ganz
sie selbst,
lacht, als sei sie noch hier,
sagt die tausend Dinge
und das eine, auf das ich
nie geachtet habe;
das wird mir immer bleiben:
daß mir eine
ihre Liebe gab
und starb.
Ein Foto und ein Tonband,
das ist nicht viel, und diese

Einsicht kommt sehr spät;
doch gebt mir 14 Tage oder
14 Jahre – ich werde jeden
töten, der mir auch noch
dieses bißchen
nehmen will.

Etwas zur Selbstverbrennung der Buddhisten

> *Die verbrennen sich doch nur,*
> *damit sie schneller ins*
> *Paradies kommen.*
>
> Madame Nhu

Wirkliche Courage ist immer gut,
und zum Teufel mit der Motivation;
und wenn ihr sagt, die seien
darauf trainiert, keinen Schmerz
zu empfinden – gibt's dafür etwa
eine Garantie?
Soll es immer noch nicht möglich sein,
daß man für andere stirbt?

Ihr seid ja alle so abgeklärt.
Ihr lehnt euch bequem zurück
und laßt eure blasierten
Statements ab.
Ich habe die rote Rose brennen sehen,
und das bedeutet mehr.

Eine klare Trennung

Ich lebe in einem
alten Haus, wo nichts
in Siegesgeschrei ausbricht,
Geschichtsbücher wälzt
oder Blumen pflanzt.

Manchmal fällt meine
Uhr herunter. Manchmal
ist meine Sonne ein Panzer,
der in Flammen aufgeht.

Ich will nicht
eure Armeen
oder
eure Küsse
oder
euren Tod.
Das habe ich
alles selber.

Meine Hände haben Arme,
meine Arme haben Schultern,
meine Schultern haben mich.
Ich habe mich,
ihr habt mich nur,
wenn ihr mich sehen könnt;
aber ich will nicht,
daß ihr mich seht.

Ihr sollt nicht sehen, daß ich
Augen im Kopf habe
und gehen kann;

ich will nicht auf eure
Fragen antworten,
ich will euch nicht amüsieren,
und ihr sollt auch
mich nicht amüsieren
oder anöden
mit Gerede über
irgend etwas.

Ich will euch nicht
lieben; ich will euch
nicht retten.
Ich will eure Arme nicht
und eure Schultern
auch nicht.

Ich habe mich,
ihr habt euch.

Dabei soll es
bleiben.

Unterhaltung mit einer Lady, die ein Glas Whisky pur schlürft

Und Joe, mit dem war nicht viel los,
sogar mit 45 war er noch so unvernünftig
wie der Durchschnittsmensch, mit seiner
Vorliebe für Nutten und Pferde;
er würde noch viele Jahre brauchen,
bis er schätzen lernte, was eine
Dahlie blühen ließ, aber so geht es eben:
die Götter sind gründlich, sie machen
es nicht mit einem Blitzstrahl, sondern
brechen uns übers Knie; zweimal verheiratet,
zweimal geschieden, triefäugig und
magenkrank, mehr kann man nicht
erwarten, gute Männer werden jeden Tag
erledigt im Korea einer sinnlosen Sonne;
er steckte einen Job nach dem anderen auf
oder wurde gefeuert, er wußte nichts,
absolut nichts, höchstens vielleicht
wie er die Haare geschnitten haben wollte,
er stolperte durchs Leben wie ein
16jähriger nach einem bösen Traum,
kam immer zu spät zur Arbeit, aber
nie zu spät zum ersten Rennen
oder ins HAPPY NIGHT, wo er auf dem
letzten Barhocker saß. Sie sagen,
Joe sei nie groß geworden, aber andererseits
wurde er auch nicht kleiner, er versuchte
sich ein bißchen Leben einzuhauchen
mit billigen Zigarren und platter Jukebox-
Musik, oder mit der fetten Jane, der auch
längst alles egal war, und zu der er
immer sagte: Baby, dir kann ich was zeigen,

da wirst du Augen machen!, als wär das
was Besonderes; und die fette Jane
starrte in ihr Bier, das ihr ein und alles war,
schwenkte es herum, genoß es,
wie sie nie mehr etwas genießen würde.
Und als Joe starb, da ging er
von uns wie ein Kind, aber
sie haben ihn nicht vergessen: die Nutten,
die Barkeeper, die Bosse, die von der
Stempelstelle; und auch die Jockeys
erinnern sich noch an ihn, wie er
da unten immer am Geländer stand
und ihnen zurief, wenn sie zur Parade
herauskamen: »Hi, Willie! Wie geht's heute
deiner Mutter?« oder: »Eddie, dich sollten
sie auf'n Schaukelpferd setzen, so wie du
in letzter Zeit reitest.«
Ich habe Joe an seinem letzten Abend
noch erlebt, er schmiß sein Glas
mit voller Wucht an den Spiegel,
und der Barkeeper wurde stocksauer
und ging mit einem Baseballschläger
auf ihn los, drosch ihm in die Eier
und alles, prügelt ihn raus auf die Straße
direkt vor einen Stier mit einem Horn, das
keinen Ton von sich gab – einen nagelneuen
Cadillac, der wesentlich stärker war als Joe
und entschieden wertvoller, und das ist
die ausgleichende Gerechtigkeit:
Spiegel kaputt, Joe kaputt.

Und als ich am nächsten Abend reinkam,
war der Spiegel immer noch kaputt,
und die dicke Helen stand da und
schwenkte ihr Bier, und ich bestellte ihr
einen Whisky und sagte: »Baby, dir

kann ich was zeigen, so was hast du noch
nie gesehn.«

Und sie lächelte, aber mit ihren Gedanken
war sie ganz woanders.

Wassermelone

Und in jener Nacht
gingen die Fenster
von selber auf,
von der Decke
tropfte der Schweiß
eines blechernen Gottes,
und ich saß da und
aß eine Wassermelone,
all das künstliche Rot,
der Saft lief an mir herunter
wie rostige Tränen,
und ich spuckte Kerne aus
und verschluckte Kerne
und dachte immer wieder:
ich bin ein Idiot,
ich bin ein Idiot, daß ich
diese Wassermelone esse.
Aber ich aß trotzdem
weiter.

Im Zug nach Del Mar

Ich steige in den Zug zur
Pferderennbahn, da unten
im Süden, hinter Dago,
und das gibt ein bißchen
Weite und Auslauf, und ich
trinke meine Halbliterflasche
und geh nach vorn in den Barwagen auf ein paar Biere,
schlingernd und schwankend –
THACK THACK THACKA THACK THACK
THACKA THACK
und ein bißchen Leben kehrt in mich
zurück, ein kleines bißchen,
wie ein Hauch von Grün in ein Blatt
nach langer Trockenheit

und die Sonne rammt den Barwagen
wie ein Stier, und der Barkeeper
sieht, daß ich mich wohlfühle,
er lächelt ein echtes Lächeln
und fragt
              »Wie läuft's?«

wie es läuft? meine Hacken
sind abgelatscht, meine Schuhe
rissig, ich stecke in
den Hosen meines Vaters, und der
ist schon seit zehn Jahren tot,
ich leide an einer partiellen
Verstopfung und paffe eine
10-Cent-Zigarre

»Bestens!« antworte ich ihm,
»und bei dir?«

Glory Glory Glory, und der Zug
rollt durch die Landschaft,
läßt das Meer hinter sich, den Sand
und verschwindet zwischen den Klippen.

Wenn du darauf wartest, daß der Morgen durchs Fenster kriecht wie ein Einbrecher, der dir ans Leben will

Die Schlange hatte sich
durch ein Loch in der
Tür gezwängt, und sie sagte:
erzähl mir
von dir.

Und ich
sagte:
mich haben sie mal
zusammengeschlagen
vor langer Zeit
in einer Gasse
in einer anderen
Welt.

Und sie sagte:
wir sind alle
wie Schweine,
man knüppelt uns
einen Gang runter,
und das Gras
in unseren Hirnen
wirft sich
singend
dem Messer
entgegen.

Weiß Gott,
du bist ein
ausgefallenes
Exemplar,
sagte ich.

Wir
saßen da
und rauchten
Zigaretten
um 5 Uhr
morgens.

18 Autos mit Männern, die sich vorstellen, was hätte sein können

Auf der Rückfahrt vom Rennplatz
sah ich eine Frau in Grün –
gut gebaut, nichts als Kurven –
die wie umnebelt über die
Straße rannte, sexy
wie eine grüne besoffene Antilope,
und am Rinnstein kam sie
ins Stolpern, fiel hin und
saß in der Gosse,
und ich saß da
in meinem Wagen
und fühlte mich merkwürdig
unbeteiligt, als sei
überhaupt nichts geschehen;
ich saß da und sah
diese grüne Kreatur an,
und dann hielt ein
18 Meter langer Möbelwagen,
und ein Kerl stieg aus und
half der Dame auf die
Beine.
Ein junger Mann in weißen Overalls,
ganz rot im Gesicht, und die Dame,
rundum gut beieinander und
benommen von ihrem Sturz und
benommen vom Leben,
stand schwankend auf ihren
turmhohen Pfennigabsätzen,
rieb sich ihre weißen Knie,
und der junge Mann redete auf sie ein
mit seinem roten Gesicht, groß

und blond und dämlich und einsam,
doch dann fragte ihn die Frau
nach der nächsten Bar, und er
grinste und zeigte die Straße runter
und gab es auf.
Er stieg wieder ein, und die
18 Meter Möbel und Decken und Herd
fuhren ab,
und die grüne Antilope
ging über die Straße
in Richtung Bar und
schlingerte und wackelte
mit allem, was sie hatte,
und wir saßen da
wie in Trance
und sahen ihr nach,
bis hinter mir im Stau
ein energischer Mensch
auf die Hupe drückte;
ich machte den Gang rein
und fuhr langsam
auf das große Schlagloch
am Supermarkt zu,
das deinen Wagen mitten durch-
brechen kann,
und die anderen folgten mir
und machten genauso
langsam:
18 Autos mit Männern
die sich vorstellten
was hätte sein können
mit der Dame, die ihnen
durch die Lappen ging,
und es war kurz vor
Sonnenuntergang, und der
Verkehr war dicht

und das Leben
hart.

Hab ich dir von dem schon mal erzählt?

Hab ich dir schon erzählt
von dem verdammten Spinner
der es am liebsten vor
einem Panoramafenster trieb?

Und dann gab es den,
der seinen Plattenspieler
wieder mitnahm,
und den, der mir die
Lampenschirme kaputtschlug,
und den mit den goldenen
Härchen auf der Brust.

Und den auf dem Fußboden
in der Küche
und den, der total
fixiert war auf die
Mündung des Orinoco.

Und den Großen, der zur
Forstverwaltung ging
und Roger eine Nachricht
hinterließ, in der er
zugab, daß er schwul war
(aber Roger wußte das
schon längst).

Dann hatte ich mal was
mit einem Kommunisten –
der ist jetzt in Kanada
oder Florida, aber unter
einem andern Namen, glaube ich,

und ich hab ein Foto von ihm,
da steigt er gerade aus einem
Ruderboot; er hat wunderschönes
graues Haar, und sein Gesicht
ist irgendwie blau,
und er schreibt unglaublich lange
Liebesbriefe.

Und Edward, der war ein Homo –
aber so was von zärtlich; er
machte Kerzen an, hatte einen
Sinn für Humor und stark
behaarte Beine – wie so ein
Taschenkrebs oder 'ne Kokosnuß.

Und Jerry war genau wie ein Pferd –
wenn ich ihm in die Augen sah,
konnte er mich nie
küssen.
(Er tat immer so, als wär er
schwul; aber er war's nicht.)
(Ich merke so was. Oh, ich
kenn mich damit aus.)

Und dann meine Romanze in der
Wüste – eigentlich möchte ich
darüber nicht reden, aber
wenn du mich schon *fragst* –
ich glaube, der hat mich
wirklich geliebt.
Ich war blau und
fiel vom Pferd
und brach mir den
Arm
beim Sprung über einen Zaun,
wir saßen zu zweit im

Sattel, und seine Frau
hat mir gedroht, sie
würde mich umbringen,
da hab ich mich dann
aus der Stadt
verzogen.

Mit Manny ging ich immer
aufs Dach.
Seine Eltern hatten ihn
verhätschelt, und davon
hatte er eine Macke.
Wir sahen uns den Mond
durch ein Fernrohr an:
ich stand vorne und
hielt es hoch, und er
saß am anderen Ende
und sah durch.

Und Carl hat noch mein
›Drama Through The Ages –
From Euripides to Miller‹.
Ich muß ihm gleich mal
schreiben, daß er mir's
wiederschickt. Macht dir
doch nichts aus, oder?
Dieser Carl, das
war vielleicht einer . . .

An meinem Geburtstag
hat er sich mal besoffen,
und als ich reinkam,
lag er besinnungslos auf
der Couch, und ich
warf ihm eine Handvoll
Blumen an den Kopf

(mitsamt der Vase),
und er stand auf und
schenkte mir ein winzig
kleines goldenes Armband
in einer kleinen Schachtel,
die mit Filz gepolstert war,
und ich heulte.
(Oh ja, ich hab ihn geliebt.
Ich hab ihn wirklich
geliebt, er war so nett, und
hinterher schrieb er immer
an meine Mutter – »Wo ist
Rita? Bitte sag mir's doch!«
aber Mama hat es ihm
nie gesagt.)

Und dann war da dieser alte
fiese Deutsche, der wußte nie,
wann es genug war. Er hatte
eine Glatze, und ich haßte ihn,
er sah aus wie ein kranker
Frosch und stank aus dem Mund,
aber das Merkwürdigste an ihm
war dieser unglaublich behaarte
Bauch. Das konnte ich mir nie
erklären.
Er hatte eine Menge Geld,
aber er war verheiratet,
der alte Drecksack,
und er sagte, er würde mich
lieben, und er stellte mich
als seine Sekretärin ein,
er hatte ständig Affären,
der alte Drecksack,
und schließlich lief ich
ihm weg. Natürlich hätte ich ihn

seiner Frau jederzeit wegnehmen
können, aber ich konnte ihn
einfach nicht ausstehen,
den alten Drecksack.

Vincent?
Nee, mit dem war nichts. Er hatte
Angst vor seinem Bruder.
»Mein Bruder!« schrie er immer,
und dann rannten wir zur Hintertür
raus und in die Garage, meistens
nackt, oder ich hatte nur Slip
und BH an.
Ich machte Vorhänge für sein Haus
und er nannte mich »Tochter«,
und ich kochte für ihn,
und er schrieb alles in ein
kleines schwarzes Buch und
hatte immer eine Schiffermütze
auf. Er warf Geld auf den Boden
und spielte Orgel . . . komponierte auch
eine Oper, nur für Orgel, die nannte sich
›Der Kaiser von San Francisco‹.
Aber daß ich ihn gut leiden konnte,
lag eigentlich mehr daran, daß er
sich für die Kinder interessierte;
er fuhr mal mit mir raus nach Newman,
um sie kennenzulernen,
und einmal, eh er richtig geizig wurde,
schickte er mir Geld, als ich
ohne einen Pfennig auf den Inseln saß.

Und Gus – der war für mich wie ein Vater –
ich kannte ihn schon so lange.
Ich lernte ihn auf den Inseln kennen,
als ich in der Klemme war.

Ich schätze, er hat mir das Leben
gerettet. Ich wurde gefeuert,
weil man mich in der Kaserne erwischte.
Aber er hatte Verständnis dafür.
Oh ich weiß, du magst ihn nicht
aber er ist so *verständnisvoll.*
Und als Vincent das Geld schickte,
gingen wir beide zurück in die Staaten.
Er sagte, er wollte mich heiraten
aber er mußte sich um seine
Mutter kümmern, die schon ihr ganzes Leben
an irgendeiner Krankheit litt.
Es treibt ihn immer wieder zurück
auf diese Inseln, er ist so
durcheinander, einfach hoffnungslos.
Du würdest ihn heute kaum noch
erkennen. Er trinkt nicht mehr
und wiegt fast drei Zentner
(und geküßt hat er genau wie du,
und in seinem linken Bein hatte er
lauter so kleine Drähte, aber davon
wollte er nie was sagen ...)

Und der Chauffeur
kam ins Zimmer und
hatte einen Korb mit einem
lebendigen Huhn drin.
Der Typ hat das Huhn
am Hals gepackt und
rumgeschlenkert,
und du hättest mal hören sollen,
wie dieses Huhn geschrien hat,
und dann hat er es mit
einem Messer abgestochen,
und das Blut ist überall
rumgespritzt wie ein Platzregen,

und er hat auf seiner Piccolo-
flöte gespielt und mich dabei
angestarrt, und das ist alles,
was passiert ist, bloß daß ich
noch mein Kleid ausziehen mußte.
Er gab mir 25 Dollar,
aber irgendwie
wurde mir schlecht
von der ganzen Sache.

Nicholas war schwul
und impotent, aber mit mir
hat er's gebracht. Er hat
immer noch meine Ausgabe von
e. e. cummings.

Mein erster war verrückt.
Er saß am Kaffeetisch,
wühlte in meinen Haaren
und blies auf zwei Feigen-
blättern, die er zwischen
den Lippen hatte.
Er spielte Oboe. Und was man
von Oboen sagt, das weißt du ja.
Als sie ihn wegschafften,
war er wie ein Kind.
Die Oboe schenkte ich
einem Tänzer, der sich
das Bein gebrochen hatte,
als er bei einem Ausflug
in die Adirondacks
auf einem Campingstuhl
übte.

Mit Arlington war ich
nur drei Wochen verlobt.

Und er riß mir den Ring
vom Finger und sagte,
er hätte keine Lust,
die ganze schwule Armee
zu heiraten. Später
weinte er an meiner Schulter.
Er sei 'ne Schwuchtel, sagte er,
und General. Und er hätte sich
sein ganzes Leben lang
was vorgemacht.
Ich weinte, als er ging.

Ralph war der einzige, glaube ich,
der mich je geliebt hat,
aber er hatte keinen Sinn für
höhere Dinge:
Van Gogh war für ihn ein Baseball-
spieler aus Brooklyn und George Sand
ein Filmpartner von Zsa Zsa Gabor.
Und als er mir Geld schickte
aus East Lansing, kaufte ich mir dafür
eine Stereo-Anlage und einen Spielzeug-
stier mit blauen Augen und nannte ihn
Keithy-pot.
Ich schickte Ralph eine gepreßte Azalee
und ein Foto von mir im Bikini
wo ich mich grade bücke.

Sherman hatte Angst vor der Dunkelheit.
Er starb an einem Kirschkern, der ihm
im Hals steckenblieb. Roger – von dem
hab ich dir schon erzählt; Roger fing mal
eine gute Story an, aber
er schrieb sie nie zu Ende.
Sie handelte von einem Homo,
der in einem Nachtklub

an einem Tisch sitzt,
und all diese Leute
kommen zu ihm hin –
ach Scheiße, ich krieg das
nicht mehr zusammen.

Peter, der bringt sich eines Tages um.
Art wird sich auch umbringen.
Tommy steckte das Bett in Brand
und schlug seine Mutter. Ich
lebte nur mit ihm zusammen,
weil mir seine Mutter leid tat.
Wir gingen alle zusammen zu den
Anonymen Alkoholikern. Einmal
schlug er sie, als sie aus der
Straßenbahn stieg. Dann schlug er
mich. Ich haßte ihn, aber sie
war wie meine eigene Mutter zu mir.
Und dann lernte ich dich kennen.

Erinnerst du dich noch an diesen
Sonntag im Round Duck?
Du hast gesagt: Komm,
wir gehn nach Mexiko.
Und dann hast du mich mitgenommen
in deine Wohnung und Earl Stanley
Gardner gelesen, und dann hast du
aus dem Fenster gehangen.
Du hast ausgesehen wie mein Vater.
Schade, daß du meinen Vater nie
kennengelernt hast.
Er war ein Säufer.

Ach, ich bin ja so froh,
daß ich dich getroffen habe,
bei dir fühl ich mich

so gut. *Du* bist endlich mal
ein Mann, Darling,
der einzige richtige
MANN
den ich je
gekannt habe.
Ach Liebling, darauf
hab ich so lange
gewartet!
Meine Hände sind kalt, und
du hast so *lustige*
Füße!

Ich liebe dich ...

Iwan der Schreckliche

hielt sich nur mit Mühe
auf den Beinen
und Bücken war für ihn
ein Problem

er war fett
seine Augen
quollen heraus
er hatte eine
niedrige Stirn
und lächelte gequält
infolge eines verwachsenen
Unterkiefers

schlug seinen
ältesten Sohn tot
in einem Anfall
von Jähzorn

schien sich unbehaglich
zu fühlen nach seinem
40. Lebensjahr

vollbrachte gewaltige
Leistungen in punkto
Fortschritt und
Gemetzel

starb 1584
im Alter von
54 Jahren und
mit einem Gewicht
von 209 Pfund

letzten Sommer
holten sie sein Skelett
aus der Archangelsk-Kirche
im Kreml
und fertigten danach
ein naturgetreues
Standbild an

inzwischen
ist es fast
fertig
er sieht aus
wie ein Busfahrer
aus dem
20. Jahrhundert.

Ein Bild von einem Promenadenkonzert auf einer Streichholzschachtel

Auf dem Papier sieht das Leben
gleich viel erfreulicher aus:
keine Bomben, Fliegen, Hausbesitzer, keine verhungernden
Katzen,
und ich stehe hier in der Küche,
starre auf diesen blauen Teich herunter,
den Konzertmeister, die Bäume,
Ruderboote, Junge mit
Sternenbanner
Lady in Gelb mit Ventilator
Veteran aus dem Bürgerkrieg
Mädchen mit Luftballon
Hund mit scheckigem Fell
Segelboot;
ein Tag aus einer alten
friedlichen Zeit, und die Sonne
träumt von vergangenen Schlachten –
John L. Sullivan kippt einen
halben Liter Whisky
in seiner Garderobe
und bringt sich in Form,
um die Welt übers Knie zu legen
wie ein Kind, das etwas
verbrochen hat –
für uns kaum noch vorstellbar
in unserem modernen Leben,
wo uns der Arzt eine Spritze
reinjagt und sagt: »Was macht Sie
so nervös? Irgend etwas frißt doch
an Ihnen . . .«

Ich ziehe die Schachtel auf,
nehme ein wunderschönes
Streichholz heraus und zünde mir
eine Zigarre an.

Ich sehe aus dem Fenster. Es regnet.
Im Park werden sich heute nur
Penner und Irre aufhalten.
Ich blase den Rauch gegen die
nasse Fensterscheibe und frage mich,
was ich hier drin eigentlich tue
auf dem Trockenen und am Sterben,
und der Regen hört sich genauso an
wie die Klosettspülung,
die in diesem Augenblick
der Nachbar hinter der Wand betätigt,
und die Blumen breiten die Arme aus
und lassen die Liebe auf sich
niederprasseln.

Ich setze mich zu der Lady in Gelb
neben den Ventilator, und sie
lächelt mich an,
und wir reden, wir reden,
aber vor lauter Musik verstehe ich
kein Wort. »Wie heißen Sie? Wie
heißen Sie?« frage ich immer wieder,
aber sie lächelt mich nur an,
und der Hund jault dazu.

Aber Gelb ist meine Lieblingsfarbe
(Van Gogh stand auch darauf)
Gelb
und ich blase ihr keinen Rauch
ins Gesicht
und ich bin hier

(in der Streichholzschachtel,
um genau zu sein, aber doch auch
hier).

Sie lächelt
und ich lege sie
auf dem Küchenherd flach
und es ist
heiß
heiß
und das Sternenbanner
flattert in der
Schlacht –
spiel deine Serenaden,
Konzertmeister,
in deinem roten Frack
mit deinen verschwitzten
Arschbacken in der Juli-
hitze.

Der Luftballon zerplatzt
ich gehe durch eine Küche
an einem Regentag im Februar
und suche nach Eiern und Brot und
Wein und Sinn

und nach Kleister
um diese Wände
mit freundlicheren Bildern
zu tapezieren.

Kein guter Abend

Ich bin ziemlich blau, und der Mann
im Schuppen nebenan springt auf
seinem Fußboden herum, daß die
Dielen knallen, und während ich
seinem Veitstanz zuhöre, sitzt
meine Frau auf dem Klo, und
aus dem Radio kommt Fidelio, und
beim Pferderennen habe ich heute
70 Dollar verloren, und eine Frau
klemmte sich den Fuß im Fahrstuhl ein,
und die Besoffenen schrien alle den
Fahrstuhlführer an: LEG DEN HEBEL UM!
MACH DEN RÜCKWÄRTSGANG REIN! das Blut
lief ihr in den Schuh, und ich und die
übrigen Spieler starrten auf die
Anzeigetafel, hofften auf einen letzten
brauchbaren Flash, und ich setzte
auf das falsche Pferd.
Der Mann von nebenan hat jetzt
sein Trampeln eingestellt und die
Bibel aufgeschlagen. Naja, es war
ein schlimmer Sommer für uns alle. So ein
bestimmtes Gefühl, ein Reißen in den
Knochen, alles wird einem zuviel. Sich
ein Paar Socken anzuziehen wird zu
einer Zumutung, die einem fast den
Verstand raubt, wir hängen wie Bilder
von blauhäutigen Jungfrauen vor den Augen
von jungen Kerlen mit Gehirnerweichung,
das Haar wächst uns über den Hemdkragen und
die Blumen verwelken in der Vase. Meine Frau
kommt aus dem Klo.

Alles in Ordnung? fragt
sie. Yeah, sag
ich.

Jack

Er zeichnete ein Blatt
nach dem anderen
mit Fischen voll,
und ich sagte:
Jack, was ist mit dir?
aber er gab keine Antwort,
und seine Frau sagte:
Er will sich keinen Job suchen,
das ist mit ihm. Ich kann nicht.
Ich muß bei den Kindern bleiben.
Möchte bloß mal wissen, wie wir
über die Runden kommen sollen.

Er zeichnete weiter seine Fische,
ein Blatt nach dem anderen,
und er war nicht einmal betrunken.

Ich ging runter und besorgte
zwei Flaschen Wein, und seine Alte
schenkte die Gläser voll.

Jack trank seines aus, und dann
fing er an zu fluchen: Diesem
gottverdammten Kugelschreiber
geht dauernd der Saft aus,
grad wenn ich am entscheidenden
Punkt bin, wenn's drauf ankommt,
wenn ich endlich *brenne*
wie ein blödsinniger Docht
im Wachs . . .

Er schmiß den Kugelschreiber
in einen Müllsack voll leerer Flaschen
und leerer Sardinen- und Bierdosen. Dann zog er seinen Mantel an
und ging raus.

Wo geht er hin?
fragte ich.

Mir doch scheißegal,
wo er hingeht,
sagte seine Alte.
Dann zog sie ihr Kleid hoch
und zeigte mir eine Menge Bein;
sah ziemlich gut aus, ich hatte
schon immer eine Schwäche
für Beine. Aber ich ging
an den Schrank und zog meinen
Mantel an.

Wo gehst du denn hin?
fragte sie.

Ich geh mir einen Job suchen,
sagte ich. Da steht was in der
›Times‹, sie suchen Hausmeister
für das neue Fleischman Building.

Ich ging die Treppe runter,
einen halben Block nach Norden
und in die nächste Bar.

Jack saß drin.

Ich weiß nicht, sagte er,
ich glaub, ich bring mich um.

Wozu denn, sagte ich,
irgendwann passiert es
von allein.

Wir saßen den Rest des
Nachmittags da und tranken,
und gegen 7 gingen wir;
er mit einer Feuerroten
und ich mit einer, die hinkte
und Henry James las
und ein schiefes Maul kriegte
wenn sie lachte.

Draußen hatte es
auf 18° abgekühlt,
und von der Welt
war nicht mehr viel
zu sehen.

L. Beethoven, Vorstopper

Er rackerte sich ab
für das Team. Ludwig V. Beethoven,
Vorstopper. Er säbelte
jeden Angreifer um. Aber nachts
soff er immer Bier und
spielte Klavier.
Schiller, du Mißgeburt, sagte er,
renn nicht so hinter den Ladies her.
Die Ladies bleiben sich immer
gleich. Brich dir keinen ab.
Wenn du eine brauchst, dann
ist immer eine da.

Und du, Tschaikowski, sagte er,
schluck mal 'n paar Vitamine.
Daß du schwul bist, macht mir
nichts aus. Hauptsache, du
bleibst mir auf Distanz.
Das ist der Trouble mit
euch allen: ihr seid
zu blaß!

Ich nahm einen Querpaß
von G. B. Shaw an und
büchste nach hinten aus.
Beethoven blockte mir
drei Männer ab, und als
ich an ihm vorbeikam
sagte er: Ich hab
drei Flittchen auf Lager
für heute abend;
ramponier dir nichts,

was du später vielleicht
noch brauchen kannst . . .

Ich schoß wie ein Irrer
an den Angreifern vorbei
und das Spielfeld rauf.
B. studierte Harmonielehre,
aber ich bezweifelte, daß er es je
zu etwas bringen würde.
Er war nichts als ein
dickbäuchiger deutscher
Biertrinker.

Selbstvernichtungsfanatiker

Meine Schlange hat rote Finger
sagte er
und sie holten ihn von der Couch
und legten ihn auf eine Tragbahre
und trugen ihn die 25 Stufen runter
und seine Frau schlug die Beine
übereinander (man konnte fast
ihre magische Box sehen) und
machte sich eine Zigarette an
und sagte
Ich kann *einfach* nicht verstehn
was in ihn gefahren ist
und ich verpaßte ihr eine Ohrfeige
daß die Zigarette auf den Teppich flog
wie ein Splitter vom Mars
und folgte der Tragbahre
nach unten.

Mein ganzes Leben habe ich in zweiten
und dritten Etagen gewohnt oder höher,
aber zuletzt machte ich eine schwanger,
und da ich nicht mit ihr verheiratet war
zogen wir hierher –
anfangs wohnten wir nach hinten raus,
zweite Etage, als Mr. und Mrs. – ein
neuer Anfang – und hier unten hauste
eine Irre, die hatte immer die
Jalousien runter und schrie allerhand
obszönes Zeug im Dunkeln, ich fand das
ziemlich intelligent von ihr,
aber eines Tages schaffte man sie raus,
und wir übernahmen die Wohnung, und
das Baby kam, ein wunderschönes Stinktier
von einem Kind, mit blaßblauen Augen,
ich sah es an und verschluckte mein Herz
wie eine Kirsche in einem eisgekühlten Drink,
aber die Frau entschied, daß auch ich
irre war, sie zog mit dem Kind nach Hollywood,
und ich schick ihnen Geld, soviel ich kann –
aber meistens liege ich den ganzen Tag
im Bett und schwitze und frage mich,
wie lange ich meiner Umgebung noch
etwas vormachen kann ...
ich höre dem Hausbesitzer zu, der draußen
seinen Rasen wässert, 46 Jahre
hängen mir an den Knochen,
es treibt mir das Wasser aus den Augen,
es läuft mir in grünen Kaskaden, ha-ha,
übers Gesicht und versickert in meinem
grauen Kopfkissen: all die Jahre,

gekillt und erledigt für immer,
sinnlos versoffen
im Akkord verschlissen in Fabriken
gelöchert von schlimmen Träumen
zwischen Mäusen und Schemen
verplempert in Zimmern
quer durch ein sinnloses Amerika –
ah, Menschenskind . . .

Nachmittags gegen 3 steh ich auf,
ich habe eh nicht mehr als ein paar
Minuten schlafen können,
ziehe mir ein altes Unterhemd an,
eine knitterfreie Unterhose mit Löchern drin
und ein Paar gestohlene Drillich-
hosen aus Armeebeständen,
ich zieh die Jalousien hoch
und setze mich auf einen harten Klappstuhl
an ein Fenster zur Straße hin,
und dann kommen sie draußen vorbei –
junge Girls
frisch, grazil, himmlisch, intelligent,
sie trinken Orangensaft, benutzen voll-
klimatisierte Fahrstühle
in Blau in Grün in Gelb, in Bewegung,
in Rot, in Wellen,
in lachenden Schwadronen und Bataillonen,
sie lachen mich an und aus,
46, alt, stocksteif, grüne Schweinsaugen
wie ein Van Gogh, der durch Tracheen und
Titten von Sonne und Erde bricht –
mein Gott, ja: seht her, hier sitz ich.
Und ich könnte zu ihnen sagen, was ich will,
sie würden davonlaufen und mich anzeigen –
ein alter Spinner, der auf dem Marktplatz
brabbelt und um Pfennige bettelt –

sie erwarten, daß ich mich unter den Armen
wasche, einen Schattenriß abgebe für ihr
singendes Fleisch, während sich meine Hand
in die Leere krallt – ein anständiger Bürger
onaniert, geht zur Wahl und sieht sich
Bob Hope an –
und selbst die alten Witwen,
deren Männer auf der Strecke blieben
in Möbelfabriken, wo sie Drehstühle montierten,
gehen vorbei, in Grün,
in Gelb, in Rot,
und sie haben Körper wie Schulmädchen,
sie thronen auf ihren hohen Absätzen,
als wollten sie mich herausfordern
zu einem Bruch der guten Sitten –

aber sich so eine an Land zu ziehen
würde eine Tortur von Wochen und
Monaten bedeuten – sich vorstellen,
artige Sachen sagen, Konversation machen,
die einem die Seele spaltet wie eine
rostige Axt – nein, nein, zum Teufel damit!
nicht noch einmal!

Wer sich nicht anpaßt, gilt als
Psychopath, und der Junge auf dem Turm
dieser Universität in Texas, der
49 unter Beschuß nahm und 15 davon
erledigte, der war auch einer
obwohl sie ihm beim Marine Corps
grünes Licht dafür gaben –
es kommt immer nur darauf an,
was für Klamotten einer anhat
und ob die Hierarchie der Ansicht ist,
das Projekt sei wichtig für die
Erhaltung der Queen oder der Goodyear

Reifenfabrik oder sonst was
aber so wie es sich mir
aus diesem Fenster hier darstellt,
hat der Junge nichts Außergewöhnliches
oder Unerwartetes getan, und Psychiater
werden nur dafür bezahlt, daß sie
mit ihren Lügen den Fortbestand
der sozialen Unordnung garantieren.

Und bald danach steh ich dann auf
und gehe herum, und wenn ich
mit etwas Glück im Radio einen
Schostakowitsch oder Mahler erwische
oder mich an die Maschine setze,
um einen Brief an den Präsidenten zu tippen
dann hör ich auch schon ihre Stimmen –
»HEY! HÖR AUF MIT DEM RADAU,
DU ARSCHLOCH,
ODER WIR RUFEN DIE POLIZEI!«

Zwei Apartment-Hochhäuser links und
rechts von mir, die nachts
erstrahlen in Blau und Grün,
jedes mit einem Swimming-Pool,
doch die Leute haben viel zu viel Klasse,
um da mal reinzuspringen,
sie zahlen hohe Mieten,
sitzen da und starren ihre Wände an,
dekoriert mit Bildern von
Menschen ohne Kopf,
und warten, bis es wieder Zeit ist
zur ARBEIT zu gehn; und mittlerweile
spüren sie, daß meine Geräusche
anders sind als ihre –
diese 66 Menschen links und
rechts von mir, mit ihrer Schwäche

für Green Berets und Piranhas –
»VERDAMMT NOCH MAL,
GIB ENDLICH RUHE!«

Von meinem Fenster aus
kann ich sie nicht sehen,
und dafür bin ich dankbar,
und da mein Magen sowieso
geschlaucht ist von billigem Wein,
tu ich ihnen den Gefallen,
verhalte mich ruhig und höre mir
ihre Geräusche an –
ihre Baseball-Übertragungen, ihre
Klimbim-Sendungen, ihre Ratespiele,
ihre welken Küsse, ihre hoch versicherte
Geborgenheit, ihre harten Körper
zwischen die Wände gestopft und gemordet,
und ich gehe an meinen Tisch
nehme die Ölkreiden des Irrenhäuslers
zur Hand und male sie mir alle
an die Wand – wie sie
sich in den Armen liegen, ficken,
essen, scheißen, sich fürchten
vor dem Zorn des Herrn, vor der Armut,
vor dem Leben –
sie bevölkern meine Wände wie Kakerlaken,
ich male Sonnen zwischen sie rein
und Äxte und Kanonen und Türme und Babys,
Hunde, Katzen und sonstiges Getier,
und es wird zusehends schwieriger
zwischen Mensch und Tier zu unterscheiden,
und ich schwitze und stinke am ganzen
Körper, ich zittere wie ein Lügner vor der
Wahrheit der Dinge; dann
trinke ich ein Glas Wasser, ziehe mich aus
und gehe zu Bett (Moment, erst noch

die Rollos runter) und ich werde
wieder nicht schlafen,
ich werde warten, bis es wieder
3 Uhr nachmittags ist und mein
täglicher Trott sich wiederholt,
die Girls, die Witwen, nichts
ergibt sich, nichts kommt rein und
nichts geht raus, Kathedralen und Museen
und Berge verlieren ihren Sinn,
nur noch mein Salzgehalt
hält mich zusammen, ein paar Ameisen,
alte Zeitungen, und meine Schande,
die darin besteht, daß ich
noch nicht Schluß gemacht habe
(Rasiermesser, Frontalzusammenstoß,
Terpentin, Gasherd) (guter Job, Heirat,
Investitionen und Beteiligungen)
mit dem, was von mir
noch bleibt.

Der große Macker

Unten am anderen Ende der Bar
pflegte er Drinks zu schnorren,
inzwischen ist er schon
fast kahl, und ich beuge mich
zu ihm hinüber:
    Du bist der beste Dichter
    unserer Zeit, du bist der
    einzige, den alle verstehen ...

Wir trinken Kaffee, wir sitzen
in seinem kleinen, spärlich
möblierten Haus, seine Ölgemälde
hängen an den Wänden. Ich werde ihm
Geld geben, Papier, Farbe, eine bessere
Schreibmaschine. Er wird mir dafür
ein paar Originalmanuskripte überlassen.

Ich sehe ihn an und spüre, daß er
Angst vor mir hat. Er hustet,
er muß ein flaues Gefühl im Magen
haben – ölig, verstopft, krank.

Ich sage zu ihm:
    Ich weiß alles von dir.
    Du hast einen gemeinen
    spanischen Stiefvater gehabt,
    du hast mit diversen Huren
    zusammengelebt, hast dich
    um den Verstand gesoffen,
    hast gehungert ...

    Yeah, sagt
er.

Ich sage, ganz nah
an seinem Ohr:
Ich bewundere Helden,
so auf meine stille
Art . . .

Ich gehe, mit seinen Manuskripten (signiert)
und einem seiner Bilder, plus
3 unleserlichen Notizbüchern
mit Spiralbindung. Er kommt nicht
mit an die Tür. Ein Spiegel hängt da,
und er sitzt davor und sieht
in den Spiegel, mit gesenktem Kopf,
beschämt und erledigt.

»Der Künstler«, hat mal ein weiser Mann
vor langer Zeit gesagt, »sitzt immer
auf den Türschwellen der Reichen.«

Ich laß mich in meinen
Cadillac plumpsen, schmeiß den
Krempel auf den Rücksitz und
fahre los.

Toter Schwan

Schwäne sterben
auch im Frühling
und der da schwamm
tot auf der Seite
an einem Sonntag
trieb mit der Strömung
im Kreis
und ich ging zur
Rotunde, und über mir
kreisten Götter in
Kampfwagen, Hunde
Frauen
und der Tod
flitzte mir
wie eine Maus
in den Hals
und ich hörte sie
kommen mit ihren
Picknick-
körben, ihrem
Gelächter
und ich sah
den Schwan an
und fühlte mich
schuldig, als sei
der Tod etwas
wofür man sich
schämen muß
und in meiner Dummheit
ging ich weg und
ließ ihnen meinen
wunderschönen
Schwan.

Zum Teufel mit Robert Schumann

Ich kippte meinen Drink und ging
wieder nach oben, um mir die
zweite Hälfte anzuhören, noch
so ein Klavierkonzert, und
2 sind zuviel, und ich
kam nicht mit weil ich mein
Programm verloren hatte, deshalb
ging ich da raus und fuhr 21 Blocks
nach Süden und Osten, dort
standen zwei Fliegengewichtler
im Ring, ein Japs und ein Mexikaner
und der Mexikaner deckte den Japs
mit Schlägen ein, der Japs blutete
aus einer Platzwunde über dem
Auge, kämpfte aber nur noch
verbissener, er war dünn wie ein
Grashüpfer, spindeldürre Arme,
aber seine Schläge waren hart,
es ging über die vollen 10 Runden,
und der Japs siegte nach Punkten,
dann folgte ein weiterer
10-Runden-Kampf, ich trank
eine Menge Bier, mußte immer wieder
pissen gehen, und irgendwann
kam ich rein, und der Kampf
war aus, K. o., und ich ging raus
zu meinem Wagen, und da die Halle
downtown war, fuhr ich an dem
Laden vorbei, wo *ich* tagsüber
malochte, um mal zu sehen,
ob das bei Nacht vielleicht
weniger zermürbend aussah,

und als ich durchs Fenster
schaute, glaubte ich Ralph
den Lagerarbeiter zu sehen,
wie er auf Händen und Knien
da drin herumkroch
er war ein bißchen seltsam,
die Sekretärinnen hatten alle
Angst vor ihm, und ich überlegte,
ob ich die Polizei alarmieren sollte,
aber dann dachte ich: mir doch egal,
ob er die Bude ausräumt oder
in Brand steckt,
und ich stieg wieder ins Auto und
fuhr über den Freeway zurück
zu meinem Apartment.

Ich trank ein paar Gläser Scotch,
stellte den Wecker auf 6.30 Uhr,
schluckte ein Vitamin-Dragee,
dachte an eine Nutte in Glendale,
sah mir die Football-Ergebnisse an,
ging noch einmal pissen,
knipste das Licht aus,
kroch in mein Bett, allein,
sagte kein Gebet,
dachte an Orte wie Japan und
Central Avenue,
dachte an die Toten und
die Berühmten,
dachte an meinen eigenen Tod,
an die Themse, die dann ohne mich
weiterfließen mußte,
an die Girls draußen auf dem
Bürgersteig, ohne mich,
und dann dachte ich: es wäre
kein großer Verlust,

und ich schlief ein und
schlief gut.

Kommunisten

Wir trieben die Frauen in einer
langen Reihe hinunter zum Fluß,
verkrampft von der Angst in ihren
stupiden Reisbauern-Schädeln,
die Kinder krampfhaft an sich gedrückt,
Säuglinge, klein wie Mäuse,
die nach Luft schnappten,
ihre Chancen standen 1 : 1000;
die Männer mußten in einem Kreis
niederknien, dann erschossen wir sie,
und ihr Tod hatte kaum etwas
von einem Tod, es war eher
wie irgendwas in einem Film,
Männer mit Armen und Beinen wie Spinnen
mit einem Fetzen Tuch über den Genitalien,
Männer, die kaum geboren waren,
konnte man eigentlich kaum töten
aber da lagen sie nun auf der Erde
und waren tot, und in der grellen Sonne
hatten sie so einen eigenartigen
Ausdruck im Gesicht, als wär ihnen
alles ein Rätsel.

Von den Frauen konnten einige mit
Gewehren umgehen. Wir ließen
eine kleine Abteilung zurück,
die sich mit ihnen befassen sollte.
Dann steckten wir die restlichen
Hütten in Brand und zogen weiter
zum nächsten Dorf.

Ein wertvoller Tip

Wenn du tot bist, sagte er zu mir,
brauchst du dir wegen der Würmer
keine Sorgen zu machen, die kommen
nicht an dich ran, mit dem Körper
gehen allerhand Veränderungen
vor – bis die sich durch den Sarg
genagt haben, ist schon einiges
passiert, und es ist von Fall
zu Fall ganz verschieden –
sie haben diese alten Könige da
aus ihren Gräbern ausgebuddelt,
verstehst du:
der eine war bloß noch so 'ne
Pfütze schwarzes Wasser,
ein anderer hatte einen
18 Fuß langen Bart,
und ein anderer war zu
so was wie einem Brocken Salz
geworden.

Yeah? sagte ich.
Yeah, sagte er.

Er kannte sich mit all
diesen Dingen aus.
Er wohnte da oben in den
Bergen und war unglaublich
gescheit.

Ehe ich ging, langte ich hin
und zog ihm die Würmer
aus Augen Nase Bauch

Schuhen Haaren Ohren,
und dann sagte er
gute Nacht,
und ich sagte
gute Nacht
und stieg in meinen Wagen
und fuhr weg.

Und die Würmer lachten
während der ganzen Fahrt
nach Hause.

Stierkampf

Sie hatten ihm bereits
eine in die Schulter verpaßt,
und er kam aus dem
Tunnel heraus,
stocksauer –
witterte die Weite
der Arena,
witterte die Sonne
und sah sich
nach einem um.

Da stand er.

Es schien, als hätte
sogar die Sonne
Angst vor dem Stier.

Der Matador schrie irgend was,
schwenkte und schüttelte
die Capa. Der Stier
ging auf ihn los.
Er gab ihm die Capa,
aber er ging nicht
sehr nahe ran.

Dann sah der Stier
das vermummte Pferd
mit den verbundenen Augen,
und er trottete rüber
und begann es mit den
Hörnern zu bearbeiten,
von der Seite und
von unten.

Der Picador da
auf dem Pferd
erwischte ihn gut,
er stieß ihm die Lanze rein
hart und tief,
er werkelte sie richtig rein
schraubte sie rein
in diesen Fleischwulst
im Nacken.
Der Stier geht jetzt erst recht
auf das Pferd los,
er denkt vermutlich, das Pferd
würgt ihm da oben einen rein;
und je mehr er sich in das
Pferd reinkniet, desto
tiefer kriegt er die
beschissene Lanze rein.

Der Stier ließ vom Pferd ab,
ging auf die Capa los
und wieder zurück zum Pferd,
und der Pic bohrte ihm wieder
die Lanze rein.

Er sieht schon nicht mehr
ganz so aus wie der Stier,
der vor einer Weile in die
Arena gerannt kam, aber
er ist ihnen noch lange nicht
schwach genug, sie haben
noch etwas anderes für ihn
parat: die Banderillas.

Kurze spitze Stäbe, die in
die Schulter und den Nacken
gestoßen werden. Es *scheint* so,

als sei es gefährlich
die Dinger anzubringen.
Es wird ohne Capa gearbeitet,
und diese jungen mexikanischen
Boys, dumpf und mit dreckigen
Ärschen, machen einen Satz
und plazieren die Stäbe,
während der Stier unter ihnen
durch rennt.

Wir sahen ihnen zu,
wie sie es
brachten.

Jetzt war der Stier soweit,
daß der Matador
mutig sein konnte.
Die Nacken- und Schulter-
muskeln waren durch-
getrennt, an vielen Stellen
zerfetzt. Der Schädel
senkte sich.

Harry nahm einen
Schluck aus der Flasche.
»Diese mexikanischen Stiere
taugen nichts. Du müßtest mal
die spanischen sehen. Die haben
solche Hörner.« Er zeigte mir
mit den Händen, was für Hörner
sie hatten. Darauf tranken wir beide
einen Schluck.

Der Matador schien nicht
sehr nahe ranzugehn.
Der Stier machte immer wieder
diese müden und verzweifelten

Angriffe auf die Capa,
geriet immer mehr außer Atem,
war immer weniger
zu gebrauchen.

Jede Bewegung des Matadors
hatte eine Bedeutung und
einen Namen. Die Mexikaner
kannten das alles. Die besoffenen
Amerikaner im Schatten, mit ihren
guten Jobs und ihren beschränkten
Weibern, hatten von nichts eine
Ahnung. Sie feuerten den Stier
an. Sie wußten nicht
daß auch ein schlechter
Job mit dem Stier
noch Mut verlangt.

Naja, dieser Stier hier
war schlecht, und der
Matador auch, aber der Matador
war noch schlechter als
der Stier, und das dürften so
ziemlich die schlechtesten
Voraussetzungen für eine
Nummer in der Arena sein.
Es sei denn, der Stier
ist *erheblich* weniger schlecht
als der Matador, und der
Matador wird aufgespießt,
und die Amerikaner gehen
happy nach Hause und
ficken die ganze Nacht
und versuchen den Job zu
vergessen, der am nächsten
Morgen auf sie wartet.

Es wurde Zeit für den
Kill. Der Matador wußte,
was zu tun war. Er kannte
die Stelle. Es sah aus
als würde er einen glühenden
Bratspieß in ein Faß voll
Lametta stecken.

Der Stier war am Ende,
er blutete aus den Löchern
in Schulter und Nacken,
war restlos ausgepumpt
von all diesen Stößen
nach einem schemenhaften
roten Tuch, das immer nur
nachgab und nachgab
und über die Hörner
wegflatterte. Der Stier war
jetzt auch *innerlich* ausgepumpt
und stand nur noch da,
mißmutig und geliefert,
und STARRTE vor sich hin.

Wir nahmen noch einen Schluck.
Wir kannten die Handlung, den
Helden, den ganzen öden Zirkus.
Der Degen glitt
hinein.

Aber die Sache war nicht
ausgestanden. Der Stier
blieb stehen. Mit der
Klinge drin.

Jetzt kamen sie an. 4 oder 5
Mexikaner mit dreckigen

Ärschen. Und der Matador.
Sie wedelten mit Capas
und drehten ihn im Kreis,
schlugen ihm die
Faust auf die Nase.

Half nichts. Er fiel
nicht um. Sie wollten ihn
in den Tod drängeln,
aber er blieb
stur.

Und alle paar Augenblicke
erinnerte sich der Schädel
und stieß wieder
mit den Hörnern zu,
und sie wichen zurück
und erinnerten sich daran,
daß es sie selber noch
erwischen konnte.

Dann ging der Matador hin
zog den Degen heraus und
stieß ihn noch einmal
rein.

Half immer noch nichts.
Der Stier wollte einfach
nicht zu Boden gehen.

Wir nahmen noch einen Schluck.

»Verstehst du«, sagte Harry,
»sie drehen ihn und die
Klinge schneidet in ihn rein.
Und jedesmal, wenn sie ihn

drehen, schneidet ihn die
Klinge noch weiter auf. «

Schließlich packte ihn einer
am Fuß und zog daran, und
der Stier verlor das
Gleichgewicht und fiel um.

Aber auch das brachte nichts.
Der Stier kickte mit den
Beinen, versuchte hoch-
zukommen. Er wollte nicht
aufgeben.

Naja, und dann kam ein
kleiner dicker Kerl heraus.
Er war ganz in Weiß, und auf dem
Kopf hatte er eine kleine weiße
Schlachtermütze. Er schien sich
sehr zu ärgern. Er hatte ein
kurzes Messer in der Hand und
ging zu dem Stier hin,
sehr ärgerlich und schnell,
und hackte und hackte und
hackte drauflos, als wollte er
dem Stier den Schädel in
Fetzen hacken, das Hirn.

Der Stier konnte gegen den
Boy mit der Schlachtermütze
nichts machen. Er mußte es
einstecken. Schließlich
traf die Klinge.

Man konnte SEHEN, wie der Stier
starb. Er gab den Geist

auf. Die Menge
johlte.

Harry nahm einen Schluck.
Das war das Ende dieser
Flasche. Und dieses
Matadors.

»Wie heißt der nächste
Stier?« fragte ich Harry.

»Kann's nicht lesen. Das Licht
ist schon zu schlecht.«

Jedenfalls, der nächste Stier
kam heraus.

Wir hatten noch eine
Flasche vor uns, und
die Fahrt nach Hause.

Etwas mit einem Stipendium

... ein Ozeandampfer
der Kapitän lächelt und
furzt und kennt meinen
Namen
die See kocht und riecht
nach warmen rohen Fleisch-
fetzen und dazwischen
schwimmen blödsinnige
seekranke Spinnentiere
sie winden ihre toten
Beine umeinander um alles
aber sie rutschen ab
die Knäuel lösen sich auf
sie treiben davon
zerschellen am Bug, wollen
schreien, aber es kommt
kein Ton heraus
            ich
bin unterwegs mit einem
Stipendium von einer Universität
ich soll Rimbaud und Lorca und
Günter Grass zum x-tenmal
übersetzen
            dann, nach einem
Gespräch über Proust und
Patchen, vergewaltige ich ein
reiches schönes Girl in meiner
Kabine und hinterher ver-
wandelt sie sich in einen
toten Pfirsichbaum, den ich mir
an die Wand hänge
            und dann

erwache ich in einem kleinen
schmuddeligen Schlafzimmer und
die Frau kommt rein:
»Hör zu, ich muß mir mal
die Füße vertreten, ich kann
das Kind nicht länger auf dem
Arm tragen, du mußt
es mir abnehmen.«
»Jaja, schon gut.«
»Aber wann? wann?«
»Nicht heute. Ich fühl mich
elend schlapp.«
»Morgen?«
»Morgen, klar.«

Der Underground

Die Redaktion war
voll von Leuten.
»Charley«, sagte der
Herausgeber zu mir,
»oben sind noch Stühle.
Hol ein paar runter.«
Ich holte sie. Dann
machten wir die Bier-
dosen auf, und der
Herausgeber sagte:
»Wenn wir nicht mehr Anzeigen
reinkriegen, geht das Schiff
unter.« Also fingen sie alle an
davon zu reden, wie man Anzeigen
reinkriegen könnte.
Ich schwieg und trank Bier.
Dann mußte ich pissen gehn,
und als ich zurückkam,
sagte das Girl neben mir:
»Wir sollten die ganze Stadt
evakuieren. Das sollten wir tun.«

»Ich würde mir lieber was von
Joseph Haydn anhören«, sagte ich.

»Stell dir doch bloß mal vor«,
sagte sie, »wenn sie alle aus der
Stadt verschwinden würden!«

»Dann würden sie bloß woanders
ihren Gestank verbreiten«, sagte ich.

»Ich glaube, du magst einfach
keinen Menschen«, sagte sie und
zog ihren kurzen Rock so weit
wie möglich runter.

»Höchstens zum Ficken«, sagte ich.

Dann ging ich in die Kneipe nebenan
und besorgte noch mal drei Sixpacks Bier.
Als ich wieder reinkam, redeten sie
von der Revolution. Ich kam mir vor
als sei es wieder 1935. Nur daß ich
alt war, und sie jung. Jeder da drin
war mindestens zwanzig Jahre jünger
als ich, und ich dachte: Menschenskind,
was mach ich hier eigentlich?

Bald danach war das Meeting zu Ende
und sie gingen hinaus in die Nacht,
diese Jungen.
Ich ging ans Telefon und rief
John T. an –
»John, alles O. K.? Ich häng heute abend
ein bißchen durch. Wie wär's, wenn ich
vorbeikomme und mir einen ansaufe?«

»Klar, Charley. Jederzeit.«

»Charley«, sagte der Herausgeber,
»ich schätze, wir müssen die Stühle
wieder rauftragen.«

Wir trugen sie wieder rauf.
Die Revolution
war vorbei.

Am 17. hatte ich die ganze Nacht
das Radio laufen, die Nachbarn
applaudierten, und die Vermieterin
bollerte an die Tür und sagte:
Ich BITTE Sie,
ZIEHN Sie endlich aus!
Sie machen die Bettwäsche dreckig.
Und wo kommt überhaupt all dieses
Blut her?
Sie gehn nie *arbeiten,* Sie liegen
dauernd nur rum und reden mit
Ihrem Radio, und Sie
trinken, und Sie haben
einen *Bart,*
und Sie grinsen immer so höhnisch
und bringen all diese Frauen
auf Ihr Zimmer,
und Sie kämmen sich nie die Haare
und putzen sich nie die Schuhe,
und Ihre Hemden sind ungebügelt,
warum *gehn* Sie nicht?
Sie machen Ihre Nachbarn unglücklich,
bitte gehn Sie endlich, Sie tun
uns allen einen Gefallen damit!

Rutsch mir'n Buckel runter, Baby,
zischte ich durchs Schlüsselloch.
Meine Miete ist bezahlt bis
nächsten Mittwoch. Ich hab einen
weiblichen Akt an der Wand hängen,
Aquarell aus dem Jahr 1887, von
einem unbekannten deutschen Künstler

Willst du's mal sehn? Ist mit
1000 Dollar versichert.

Nichts zu machen. Sie stapfte den
Korridor runter. Kein Kunstverstand.
Würde die Alte gern mal nackt sehen,
dachte ich. Vielleicht läßt sie sich
malen, und ich bin aus allem raus. Oder?

Dichterin

Sie wohnte in einem kleinen Zimmer
gleich am Freeway, und sie schrieb
wie ein Mann – wie einer, der in den
Docks arbeitet – und ich klopfte
bei ihr ans Fenster, sie machte auf,
ich kletterte durch und setzte mich hin,
und meine stupiden Hirnwindungen
tasteten sich durchs Zimmer; ich
erzählte ihr, ich hätte mal wieder
eine Sauftour hinter mir, und ich
müßte mir die Zehennägel schneiden
(sie taten mir wirklich weh), und es
gäbe eine Menge Leute, die mir
auf die Nerven gingen, schlimmer
als ein kaputtes Handschuhfach,
und sie kam her und küßte mich,
fragte, ob ich Kaffee wollte und
ob ich schon was gegessen hätte,
und dann sagte sie, ihr Radio sei
futsch, es sei ihr runtergefallen,
und ich griff mir ein Messer und
bearbeitete damit die Schrauben an
der Rückwand.

             Sei vorsichtig, sagte sie,
da steht, man kann einen Schlag kriegen;
und ich sagte zu ihr: ich bin unsterblich, mich bringt so leicht
nichts um.

             Sie stellte eine Tasse
Kaffee und einen Käse-Sandwich vor mich

hin, und ich drückte im Radio die
wackeligen Röhren wieder rein, kaputt
schien keine zu sein, aber dann
wurde es Zeit fürs erste Rennen und ich
sagte: Mensch, ich hab keine Zeit!

Wenn du unsterblich bist,
sagte sie, dann hast du
jede Menge Zeit.

Ich aß den Käse-Sandwich und trank den
Kaffee.

Bis heute abend, sagte ich,
ich reparier dir das gott-
verdammte Ding heute abend!

Ich kletterte aus dem Fenster und in
meinen Wagen, und in der Nachmittags-
sonne hatten der Parkplatz und der
Staub und Dreck und alles so einen
weichen gelben und braunen Schimmer,
und die Weinranken am Zaun rochen
grün, oder wie eben Grün so riecht, und
ich setzte rückwärts raus, winkte ihr
durch die Windschutzscheibe zu, und sie
stand am Fenster, lächelte und winkte,
und ich fuhr im Rückwärtsgang den Weg
runter, bog in die Straße ein, drückte
den Automatikhebel nach vorn, fuhr los
in Richtung Freeway, überlegte, was ich
getan hatte oder versäumt hatte, mit
dem Radio oder mit ihr, kam mir vor
als hätte ich eine Armee im dicksten
Schlamassel im Stich gelassen, aber dann
schnitt mich so ein Kerl in einem Volks-

wagen, und ich vergaß alles und trat
das Gaspedal durch und raste ihm nach.

Das Wunder

Etwas zu schaffen, das bleibt,
bedeutet nicht, daß man sich
einen runterwichst wie ein voll-
gefressener Bandwurm, es recht-
fertigt weder großes Getue
noch Geldgier, nicht einmal
Ernst, jedenfalls nicht immer,
aber ich würde sagen, es verlangt
die besten Männer in ihren besten
Augenblicken, und wenn sie sterben
und etwas anderes überlebt
dann haben wir das Wunder: etwas
Unsterbliches –
Männer, die anfingen als Menschen
und von uns gingen als Götter;
Götter, von denen wir jetzt wissen
daß sie unter uns waren;
Götter, die uns jetzt den Mut geben
weiterzumachen, wenn alles sagt: gib auf.

V. Gedichte 1969–1972

Das qualmende Auto

Sie halten, direkt vor meinem
Fenster, es sieht aus
als würde das Auto brennen
blauer Qualm aus Motorhaube und Auspuff
Fehlzündungen wie Kanonenschläge
der Wagen bockt wie verrückt
ein Typ steigt aus
O je, sagt er, nimmt einen tiefen
Schluck aus einem Wasserbeutel
und sieht entgeistert das Auto an
der andere Typ steigt aus und
sieht sich das Auto an
O je, sagt er und setzt eine
Whiskyflasche an, dann
reicht er die Flasche seinem Freund
sie stehen beide da und
sehen das Auto an
der eine mit dem Whisky
der andere mit dem Wasserbeutel
sie tragen nicht die üblichen
Hippie-Klamotten, sondern echtes
altes Zeug – verblichen
verschmutzt, ausgefranst
ein Schmetterling segelt
an meinem Fenster vorüber
sie steigen wieder ins Auto
und es bockt los, im 1. Gang,
wie ein Bronco beim Rodeo
sie lachen beide, und der
eine setzt wieder die
Whiskyflasche an . . .

Der Schmetterling ist fort
und draußen hängt eine Wolke Qualm
12 Meter im Durchmesser.

Das waren die ersten echten
Menschen in Los Angeles
seit 15 Jahren.

Der größte Verlierer der Welt

Er stand immer am Eingang und verkaufte
die Turfzeitung: »Holt euch eure Sieger!
10 Cents und ihr seid reich!«,
und kurz vor dem 3. oder 4. Rennen kam
er angerollt auf seinem morschen Brett
mit Rollschuhen unten dran,
er stieß sich mit den Händen ab,
seine Beine waren nur noch kurze Stummel,
und das Gummi an den Rollen war schon fast ab,
das blanke Eisen kam durch, und die Rollen
eierten fürchterlich und ratterten,
und Funken schlugen raus,
er war der schnellste Mann auf dem Platz,
die Selbstgedrehte baumelte ihm
von den Lippen, man hörte ihn hinter sich
vorbeizischen – »Großer Gott«, sagten
die Neulinge, »was war denn *das*?«

Er war der größte Verlierer der Welt,
aber er gab nicht auf. Er rollte auf den
2-Dollar-Schalter zu und schrie: »DAS PFERD
NUMMER 4 ISSES, IHR ARMLEUCHTER!
VERDAMMT,
DIE 4 IST DOCH NICHT ZU SCHLAGEN!«
Auf der Anzeigetafel wurde die Nummer 4
mit 60 : 1 notiert.
Ich habe nie erlebt, daß er einen
Sieger erwischte.

Es heißt, er schlief irgendwo in den
Büschen. Ich schätze, dort ist er auch
gestorben. Ich seh ihn nirgends mehr.

Eine große dicke blonde Hure faßte ihn
immer an, als Glücksbringer, und lachte.

Niemand hatte Glück. Die Hure ist inzwischen
auch nicht mehr da.

Ich nehme an, für uns wird nie was laufen.
Wir sind ja auch wirklich dämlich – wir
drücken uns innen vorbei, und die Rennbahn
sahnt 15% ab. Aber mach mal einem Träumer klar,
daß sie bei seinem Traum mit 15% drin sind.
Er wird nur lachen und sagen: Was, das ist alles?

Ich vermisse diese
Funken.

Müllkutscher und Poet

Wir nehmen keine unverlangt
eingesandten Manuskripte an
sagte der Müllkutscher
und er ging auf das eine Knie herunter
und ballerte dem Priester den Schädel weg.
Der grüne Bus hielt an der Ecke
ein Krüppel stieg aus, eine alte Ziege
und ein kleines Mädchen mit einer Blume.
Keine unverlangt eingesandten Manuskripte
sagte der Müllkutscher
und erschoß den Krüppel und die alte Ziege
aber nicht das kleine Mädchen.
Dann rannte er in eine Sackgasse rein
und kletterte hinten auf ein Garagen-
dach und lud nach.
Der Goodyear-Zeppelin schwebte über ihn weg
er pumpte ihm 6 Kugeln rein und sagte
da habt ihr ein paar unverlangte Manuskripte
und der Zeppelin schlingerte, blieb stehen
sackte vorne ab, und 2 Männer sprangen
mit Fallschirmen ab und beteten Ave Marias.
8 Überfallwagen kamen angerast
sie sperrten die Gegend ab
und der Müllkutscher sagte
wir nehmen keine unverlangt
eingesandten Manuskripte an.
Er erwischte einen Bullen, aber dann
ballerten die anderen zurück.
Der Müllkutscher stand auf, mitten am Himmel,
warf ihnen die geladene Flinte entgegen
die Patronen hinterher, und dann
sagte er noch einmal: wir nehmen

keine unverlangt eingesandten Manuskripte an!
Die erste Kugel traf ihn in die Brust
und er drehte sich halb um die eigene Achse
die zweite ging ihm in den Rücken
eine weitere in den Nacken
er fiel um, lag auf dem Garagen-
dach, das Blut floß über die Teerpappe
Blut wie Sirup, Blut wie Honig, Blut wie
Blut. Heilige Maria Muttergottes, sagte er,
wir nehmen keine un . . .

Girl im Minirock

Sonntag. Ich esse eine
Grapefruit. In der russisch-
orthodoxen Kirche, einen Block
westlich von hier, ist der
Gottesdienst aus.
Sie hat schwarzes Haar,
ihre Vorfahren stammen aus dem
Osten, mit großen braunen Augen
schaut sie von ihrer Bibel hoch,
dann wieder runter, und
während sie in der Bibel liest,
bewegt sie die Beine, bewegt sie
in einem langsamen rhythmischen Tanz
und liest dabei die Bibel ...
große goldene Ohrringe,
2 goldene Armreifen an jedem Arm;
es scheint mehr so ein Mini*kleid*
zu sein; sitzt sehr knapp; der Stoff
ein Hauch von Braun, wie nach einem
kurzen Sonnenbad; sie dreht sich
nach hier, nach da; die langen
jungen Beine
warm in der Sonne ...

Ihr Anblick läßt sich nicht verdrängen;
trotzdem: keine unkeuschen Gedanken ...
aus meinem Radio kommt klassische Musik,
die sie nicht hören kann,
doch ihre Bewegungen folgen genau
dem Rhythmus der
Musik ...

Sie hat schwarzes Haar, schwarzes Haar,
sie liest etwas von Gott.

Ich bin Gott.

Vergnügungspavillon

An Winterabenden fahre ich
hinaus an den Strand
setze mich hin und sehe
den abgebrannten Vergnügungspavillon vorne auf der Mole an.
Ich frage mich, warum sie
das Ding da einfach im Wasser
stehen lassen.
Ich will es weghaben.
Sie sollten die ganze Mole
sprengen
einebnen
wegräumen
sie sollte verschwinden, diese Mole
mitsamt den Irren, die in dem
verkohlten Wrack des Pavillons
schlafen.
Sieht schauderhaft aus, sage ich,
jagt mir diesen Krempel in die Luft
schafft ihn mir aus den Augen
diesen Grabstein im Meer.

Die Irren können sich in andere
Löcher verkriechen.
Ich muß immer daran denken
wie ich mit acht Jahren
da oben
rumgerannt bin.

Ein Tag während der Oak-Tree-Rennwoche

Filet's Rule, die Nr. 12, mit 12 : 1 gewettet,
siegte im ersten Rennen, in der Männer-
toilette hatten sie einen neuen Klowärter,
das zweite Rennen machte Bold Courage, 19 : 1,
wieder vorbeigetippt, mein Kentucky Lark
lief link, der Jockey stand die ganze Strecke
in den Bügeln, und so reitet man einfach keinen
2 : 1-Favoriten, ich holte mir einen Roastbeef-
Sandwich für $ 1.10, wenn man sowieso pleite geht,
sollte man wenigstens noch mal gut essen, und im
dritten mußte Grandby abstoppen, um nicht von
Factional gerempelt zu werden, die Rennleitung
ließ das Ergebnis nach viertelstündiger Beratung
gelten, damit war ich mit 52 Dollar im Keller,
und die Berge lechzten nach Regen und das Leben
war kaum noch der Mühe wert, und im vierten
wurde, glaube ich, Aberion Bob favorisiert, aber
ich setzte auf Misty Repose, der nach 1200 Metern
in führender Position eingeklemmt wurde, und
als er wieder freikam, hatte er nichts mehr drin.
Aberion Bob lief einen leichten Sieg heraus,
und ich war mit 67 Dollar im Keller, der Kaffee
kostete 25 Cents, und die Tante hinterm Tresen
sah aus, als sei sie mal auf den Strich gegangen,
was aber vermutlich nicht zutraf, und im fünften
war's dann Christie's Star mit 13 : 1, und ich wurde
Dritter, glaube ich, mit Bold Street, bei *maiden
races** komm ich einfach nie auf einen grünen Zweig,
mit 77 Dollar im Keller, und jetzt holte ich mir

---

* Das Feld besteht hier aus Pferden, die noch nie gesiegt haben.
(C. W.)

einen Hot Dog für 50 Cents, der nach zweimal Rein-
beißen weg war, danach wollte ich's mit Nearbrook
wissen, ich setzte 20 auf Sieg, der Gaul siegte zwar
mit 6 oder 7 Längen, zahlte aber nur 4 : 5, also
immer noch 65 Miese, und die Berge lechzten immer
noch nach Regen; immerhin, niemand quatschte
mich an, niemand nervte mich, ich hatte also
noch eine Chance. Moving Express, 15 auf Sieg,
und 5 auf Choctaw Charlie, und C. C. schafft es,
mit 8 : 1, also nur noch 37 Dollar aufzuholen.
8. Rennen: Manta, 3 : 5, ist die naheliegende
Wette, ich sehe mich nach etwas um, was ihn
schlagen kann, und entscheide mich für
Hollywood Gossip. Manta macht das Rennen, aber
ich habe in weiser Voraussicht nur 5 auf den
Sieg meines Gauls gewettet, also sind wir jetzt
mit 42 Dollar im Keller, und das letzte Rennen
wird angesagt. 20 auf Vesperal und 10 auf Cedar
Cross. Cedar Cross läuft link, Vesperal holt
einen Start-Ziel-Sieg heraus. Damit haben wir
insgesamt 72 Dollar Auslagen, und die Quote für
Vesperal beträgt 84 Dollar, macht einen Reingewinn
von 12 Dollar. Na bitte: 8 Rennen lang hinten
gelegen, und im 9. die Nase vorn. Nicht über-
wältigend, aber die Kasse stimmt. Das, meine
Freunde, ist das Ergebnis von jahrelangem Training.
Es gibt Vollblüter unter den Vierbeinern, und es
gibt Vollblüter unter den Pferdewettern. Man
muß nur seine Marschroute durchhalten und die
Viecher kommen lassen. Dasselbe gilt in der
Liebe, und im Leben überhaupt. Man muß nur
ein bißchen dran arbeiten. Morgen oder übermorgen
geh ich wieder hin und werde besser wegkommen.
Am Abend könnt ihr mich dann in der Rennbahn-
Kneipe sehen, wo ich mir einen stillen Drink
genehmige, während die Verlierer dem Parkplatz

zustreben. Quatscht mich nicht an und laßt mich in Frieden, dann laß ich auch euch in Frieden, klar?

Regen

Ein Sinfonie-
orchester. Sie
spielen eine Wagner-
Ouvertüre, ein Gewitter
zieht auf, die Leute verlassen
ihre Stühle unter den Bäumen
und rennen in den Pavillon rein,
die Frauen kichern, die Männer
geben sich gelassen, nasse
Zigaretten werden weggeworfen,
die Wagner-Nummer geht weiter,
dann sind alle unterm Dach.
Sogar die Vögel flattern jetzt
von den Bäumen und kommen in
den Pavillon, als nächstes
gibt's die 2. Ungarische
Rhapsodie von Liszt, es
regnet weiter in Strömen,
aber sieh mal an,
da sitzt noch ein Mann
ganz allein im Regen
und hört zu.
Das Orchester bringt
sein Ding, der Mann
sitzt da am Abend
im Regen und
hört zu.
Die Leute werden
auf ihn aufmerksam,
sie drehen die Köpfe,
sehen zu ihm hin.
Der hat sie wohl

nicht mehr alle, was?
Der ist tatsächlich hier
wegen der
Musik.

Die bunten Vögel

Da wohnen zwei im Apartment-Hochhaus
nebenan, er verdrischt sie jede Nacht,
sie kreischt, und niemand geht dazwischen,
und am nächsten Tag seh ich sie dann
in der Einfahrt stehen, Lockenwickler im
Haar, die gewaltigen Arschbacken in ein Paar
schwarze Hosen gezwängt, so steht sie da
in der Sonne und sagt: »Verdammt noch mal,
24 Stunden hock ich da drin, ich komm
nie wohin!«

Dann kommt er heraus, stolz, der kleine
Matador, ein Eimer voll Scheiße, der Bauch
hängt ihm über die Badehose – kann sein,
daß er früher mal ganz gut ausgesehen hat,
möglich ist alles. Jetzt stehen sie beide
da, und er sagt: »Ich glaub, ich schwimm
mal ein paar Bahnen.«
Sie gibt keine Antwort. Er geht ans
Schwimmbecken und hechtet in das fischlose
sandlose Wasser, das Peroxid-Codein-Wasser,
und ich stehe am Küchenfenster, trinke
Kaffee und versuche dieses filzige ver-
stunkene Bild zu entwirren – man kann
schließlich nicht Tür an Tür mit Leuten
wohnen, ohne sich ein paar Gedanken
über sie zu machen. Jedesmal, wenn ich
die Klosettspülung betätige, können sie
es hören. Jedesmal, wenn sie ins Bett
steigen, kann ich sie hören.

Bald danach geht sie rein. Dann kommt sie
mit zwei bunt gefiederten Vögeln in einem
Käfig wieder heraus. Ich weiß nicht,
was für welche es sind. Sie reden nicht.
Sie bewegen sich auch nicht viel. Es
scheint, als würden sie immer nur mit
den Schwanzfedern wackeln und scheißen.
Sie steht da und sieht auf die
beiden herunter.
Er kommt aus dem Wasser. Der kleine
Thunfisch, der kleine Matador,
käsig weiß, das Wasser tropft an ihm
herunter, die klatschnasse Badehose
klebt ihm an der Haut.
»Schaff diese Vögel ins Haus!«
»Aber die Vögel brauchen Sonne!«
»Ich hab gesagt, schaff die Vögel
ins Haus!«
»Aber die Vögel werden sterben!«
»Hast du nicht gehört?! Ich hab gesagt
SCHAFF DIESE VÖGEL INS HAUS!!«
Sie bückt sich, hebt den Käfig hoch,
ihre gewaltigen Arschbacken
in dieser schwarzen Hose
sehen mich todtraurig an.
Er geht hinter ihr rein
und knallt die Haustür zu.
Dann höre ich es.
BAM!
      sie kreischt
                        BAM!   BAM!
                                   sie kreischt
dann: BAM!
            und sie kreischt.

Ich gieße mir noch eine Tasse Kaffee ein.
Komisch, denke ich, das ist ja was ganz
Neues. Sonst schlägt er sie immer nur
nachts. Eine Frau Tag und Nacht zu ver-
möbeln, das verlangt einen ganzen Mann.
Er sieht vielleicht nicht nach viel aus,
aber er ist einer der wenigen echten
Männer in dieser Gegend.

Noch so ein lausiger Zehnprozenter

»Ich hab deinen Kram
gelesen«, sagte er. »Sehr
interessmmm . . .«, und sein
Kopf sackte ihm auf den
Tisch herunter und stieß
sein Weinglas um.

»Schaff diesen Strolch
hier RAUS!« schrie
meine Alte.

»Aber Mama«, sagte ich, »er
ist mein *Agent*! Hat ein
Büro am Plaza *Square*!«

»Na leck mich am
Ärmel«, sagte sie.

Sie goß die Gläser wieder
voll, die Hälfte daneben,
alles schwamm.

»Ich habe bereits«, sagte er
und hob den Kopf, »Somerset Maahwn
vertreten, Ben Heck und
Thomas Carylillie.
Und wie du vielleicht schon
ganz richtig geschnallt hast:
meine Provision, Daddy-o,
beträgt *zehn Prozent*!«

Sein Kopf kippte
in Richtung
Fockschot.

»Ma?« fragte ich, »wer ist
Fockschot? . . .«
»Na Somerset *Maaahm*«, sagte sie,
»du Arschloch!«

Dichterlesung

12 Uhr mittags
ein kleines College
nah am Meer
ich bin nüchtern
der Schweiß läuft mir
aus den Achselhöhlen
ein Tropfen fällt mir
von der Nase auf den Tisch
ich drücke ihn mit dem
Finger platt
Blutgeld   Blutgeld
mein Gott, die müssen denken
mir macht das Spaß, so
wie all den anderen
dabei mach ich's nur
für Knete und Bier und
die Miete
Blutgeld
ich bin verklemmt, ich lese
beschissen, es ist mir peinlich
die Leute tun mir leid
ich bin ein Versager
ein Versager

eine Frau steht auf
geht raus
knallt die Tür zu

ein dreckiges Gedicht
jemand hat mir gesagt, ich soll
hier keine dreckigen
Gedichte lesen

zu spät

manche Zeilen kann ich
kaum noch entziffern
ich lese trotzdem
weiter –

verzweifelt   zitternd
beschissen

lauter, sagen sie,
wir hören nichts mehr

ich steck's auf, sage ich,
Schluß, das war's

später, in meinem Zimmer
Scotch und Bier: das Blut
der Feiglinge

das also
ist meine Zukunft:
für ein paar mickrige Piepen
in kleinen dunklen Sälen
Gedichte lesen, die mir
längst zum Hals raushängen

und *ich* habe immer gedacht
Busfahrer und Latrinenputzer
und Opfer von Killern in
dunklen Gassen
seien arme Irre.

Die letzten Tage des Suicide Kid

Ich sehe es richtig vor mir,
nach all den Selbstmord-
versuchen, den Tagen und Nächten,
wie sie mich in einem Rollstuhl
aus so einem sterilen Altersheim
rausschieben (natürlich nur,
falls ich Glück habe und
berühmt werde) . . . da sitze ich
in meinem Rollstuhl,
geschoben von einer gelangweilten
hirnlosen Pflegerin, ich bin
fast blind, meine Augen
verdrehen sich nach hinten
in die dunklen Höhlen meines
Schädels, und halten Ausschau
nach einem gnädigen Tod . . .

»Ist es nicht ein wunderschöner Tag,
Mr. Bukowski?«

»Oh, yeah . . . yeah . . .«

Die Kinder gehen vorbei, und ich
existiere nicht einmal,
fabelhaft aussehende Frauen
gehen vorbei, mit breiten
heißen Hüften und
warmen Ärschen, alles
prall und heiß und
voll Sehnsucht nach Liebe,
und ich existiere nicht einmal . . .

»Das ist unser erster Sonnenschein
seit drei Tagen, Mr. Bukowski.«

»Oh, yeah, yeah.«

Da sitze ich, in meinem Rollstuhl,
weißer als ein Blatt Papier,
blutleer, Hirn im Eimer,
Spiel im Eimer, Bukowski
im Eimer . . .

»Ist es nicht ein wunderschöner Tag,
Mr. Bukowski?«

»Oh, yeah, yeah . . . «, und ich
pisse mir die Schlafanzug-
hose voll, der Sabber
läuft mir aus dem Mund.

Zwei Schuljungen rennen
an uns vorbei –
»Hey, hast du den alten
Knacker da gesehn?«
»Gott, ja. Zum
Kotzen!«

Nach all den leeren
Drohungen, von wegen
ich würde Schluß mit mir
machen, hat es jetzt
endlich ein anderer
für mich getan.

Die Pflegerin hält
den Rollstuhl an,
bricht eine Rose

von einem Busch am Weg
und gibt sie mir
in die Hand.

Ich weiß nicht einmal,
was es ist. Sie könnte mir
meinen Schwanz in die Hand drücken,
und ich würde ihn genauso
verständnislos anstarren.

Schlag auf Schlag

»Restlos verkrümelt«, sagte
das Skelett und schlenkerte
seinen kalkweißen Fuß auf
meinen Tisch, und das war's:
bäng bäng.
Es sah mich an
und es war mein eigenes
Knochengerippe, und ich
war nur noch das, was
übrig blieb
und auf meinem Tisch
lag eine Zeitung
und jemand faltete
die Zeitung zusammen
und ich klappte zusammen
ich war die Zeitung
unter dem Arm eines anderen
ein Packen Papier mit
Augen drin, und ich sah
wie mich das Skelett
beobachtete, und eh die
Tür zufiel, sah ich es
im Clinch mit einem Mann
der halb wie Napoleon
und halb wie Hitler aussah.
Dann war die Tür zu und
es ging die Treppe runter
und raus, und ich
steckte unter dem Arm
eines dicken kleinen Mannes
ohne einen Funken Verstand
er interessierte sich weder

für mich noch sonst was
und ich haßte ihn dafür.
Und vollends haßte ich ihn
als er mich in der U-Bahn
auseinander faltete
und ich wehrlos auf dem
Rücken einer alten Frau
hing.

Charles Soundso

Mein Gott, ich hatte den
jämmerlichen blauen Blues
und dieses Weib saß da
und sagte
sind Sie wirklich Charles
        Bukowski?
und ich sagte
        vergiß es
mir ist nicht gut
ich fühl mich elend
ich will nur eins:
dich ficken.

Und sie lachte
sie dachte, ich wollte
nur angeben
und ich sah immer nur
an ihren langen schlanken
himmlischen Beinen hoch
ich sah ihre Leber
ihre zitternden Eingeweide
ich sah Christus da drin
wie er zu Folk Rock tanzte.

Der ganze Frust und Hunger
kam mir hoch
und ich ging rüber zur Couch
packte sie, zerrte ihr
das Kleid hoch
bis unters Kinn.

Vergewaltigung, meinetwegen
oder das Ende der Welt
mir war alles egal –
nur noch ein einziges Mal
etwas Echtes spüren
irgendwo.

Tja
ihre Schlüpfer lagen
auf dem Boden
und mein Schwanz ging rein
mein Schwanz mein Gott mein Schwanz
ging rein.

Ich war Charles
Soundso, einer
von vielen.

Story und Gedicht

Schau her, sagte er, das
mit dieser Story – jeder
konnte sehen, daß ich
damit gemeint war.

Mein Gott, sagte ich, hackst du
immer noch darauf rum? Ich dachte,
du wolltest eine Story schreiben,
in der du *mich* auseinander nimmst.
Was ist denn daraus geworden?

Das war nicht *nötig,* daß du
diese Story da über mich
geschrieben hast!

Vergiß es, sagte ich. Es ist
unwichtig.

Er sprang auf und knallte
die Tür zu; das Glas blieb ganz,
aber der Vorhang kam runter
mitsamt der Stange.

Ich versuchte einen Einakter
zu Ende zu schreiben,
gab auf und
ging zu Bett.

Das Telefon klingelte.

Hör zu, sagte er, als ich
bei dir vorbeigekommen bin,

hab ich noch nicht gewußt,
daß ich mich so aufführen würde.

Schon gut, sagte ich,
relax.

Ich legte mich wieder lang
und dachte: jetzt werd ich
wahrscheinlich ein Gedicht
über ihn schreiben.

Es scheint keinen Ausweg
zu geben, dachte ich. Keiner
verträgt die Wahrheit;
obwohl sie immer behaupten,
sie würden daran glauben.

Ich schlief, und am
nächsten Morgen
schrieb ich
das Gedicht.

Mein Hauswirt und seine Alte

Morgens um
2.25 Uhr
sackt sie
in der Küche
vornüber mit ihren
56 Jahren
immer im gleichen
roten Pullover
mit Löchern
an den Ellbogen.

Mach ihm was zu
ESSEN
sagt er
mit seinem
immer gleichen
roten Gesicht.

   Vor 3 Jahren
  erwischte er mich
als ich sie mal küßte,
    anschließend
  prügelten wir uns draußen
und knickten dabei
  einen seiner Bäume um.

   Bier, literweise,
wir trinken
    schlechtes Bier
aus Literflaschen.

Sie steht auf
und fängt an
irgendwas zu
braten.

Die ganze Nacht
singen wir Songs
aus den Jahren
1925–1939
              wir
unterhalten uns
über Miniröcke
Cadillacs, die
Republicans an der
Regierung,
die Wirtschaftskrise
Steuern
Pferde
Oklahoma.

Da,
sagt sie
du mieser Knochen.

      Besoffen
beuge ich mich
    über den Tisch
      und esse.

Zuviel Lärm um nichts

Barkeeper sind auch nur Menschen,
und als der da hinterm Tresen
nach dem Baseballschläger greifen wollte,
schlug ihm der kleine Italiener
eine Flasche ins Gesicht,
und mehrere Nutten kreischten.
Ich kam gerade aus dem Männerklo.
Der Barkeeper rappelte sich vom
Boden hoch, und ich sah, wie er
die Zigarrenkiste aufklappte,
in der er seine Kanone hatte.
Ich machte auf dem Absatz kehrt
und ging hinten raus.
Der Italiener muß wohl eine
schlechte Entschuldigung
vorgebracht haben, jedenfalls
ich hatte gerade die Wagentür offen,
da hörte ich den Schuß.

Ich fuhr aus der Gasse raus
und bog in die 7th Street ein,
Richtung Osten, und bereits
an der nächsten Ecke ließ mich
ein Bulle rechts ranfahren.

Sind Sie lebensmüde? fragte er.
Machen Sie Ihre Scheinwerfer an!

Er war groß und korpulent, und er
schob sich seinen Sturzhelm
immer weiter in den Nacken.
Ich nahm den Strafzettel

in Empfang und fuhr runter
zur Union Street. Ich parkte
vor dem Reno Hotel und ging
unten rein in Harry's Bar.

Da drin war es ruhig. Nur
eine große Rothaarige,
größer als der Bulle,
saß da.

Sie nannte mich »Honey«,
und ich bestellte 2.

Ein Anruf

Liege in der Badewanne
und lese wieder einmal
Célines ›Reise ans Ende der Nacht‹.
Das Telefon klingelt.
Ich steige raus,
schnappe mir ein Handtuch.
Es ist einer von *SMART SET*,
er möchte wissen, wie es
in letzter Zeit in meinem
Briefkasten aussieht, und
in meinem Leben.
Gähnende Leere, sage ich,
im Briefkasten wie im
Leben.
Er denkt, ich verschweige
ihm etwas. Hoffentlich hat er
recht.

Diese öden Scheißer

Die Toten kommen angerannt und
halten quer zur Laufrichtung
Reklameschilder für Zahnpasta hoch
die Toten sind besoffen
in der Silvesternacht
zufrieden an Weihnachten
dankbar am Erntedankfest
gelangweilt am 4. Juli
untätig am Tag der Arbeit
ratlos an Ostern
albern im Krankenhaus
nervös bei jeder Geburt;
die Toten kaufen sich
Socken und Unterhosen
und Gürtel und Teppiche und Vasen
und Couchtische
die Toten tanzen mit Toten
die Toten schlafen mit Toten
die Toten tafeln mit Toten.

Die Toten kriegen Hunger
sobald sie einen Schweinskopf sehen.

Die Toten werden reich
die Toten werden toter.

Diese öden Scheißer.

Dieser Friedhof
über der Erde.

Ein Grabstein für den
ganzen Schlamassel, und darauf
gehört die Inschrift:
Menschheit, du hattest
von Anfang an nicht
das Zeug dazu.

Kleinigkeiten mit Folgen

Weiß Gott, das war ein langer Tag,
das Pferd Nr. 3 brach sich ein Bein,
der Koch verbrannte sich die Hand,
E. Pitts holten sie aus dem Spielergraben,
weil dem regulären Außenstürmer
die Kniesehne riß,
und eine Schildkröte ruderte
wieder einmal durch die ölige See,
um Eier zu legen am Strand
und sich totschlagen zu lassen
von besoffenen Arbeitslosen
mit zerknautschten Segeltuchmützen
und keinen Frauen.
Vor der Küste konnte man die
Positionslampen einer Yacht sehen,
an Bord feierten sie eine Party,
jede Menge Girls und Gelächter und so weiter,
und das Pferd mit der Nummer 3
hievten sie auf einen Pritschenwagen
und karrten es ein Stück
von den Zuschauern weg
und erschossen es.
Solche und ähnliche Kleinigkeiten
können manchmal dazu führen,
daß besoffene Arbeitslose
mit zerknautschten Segeltuchmützen
und keinen Frauen
am Strand verzweifelt nach
einer Schildkröte
grabschen.

Der 2. Weltkrieg

Da Tatsachen sowieso nur Unterhaltungswert haben
wollen wir das Folgende gleich als frei erfunden
bezeichnen   dann können wir   wir alle guten Boys
und Girls   beruhigt zur Tagesordnung
übergehen
Ich war in Frisco   ein reizender Ort
mit Seen oder so was   von meinem Fenster aus konnte
ich die Gold Bridge sehen   und damit meine ich kein
künstliches Gebiß sondern die *Brücke,* ja?   und es
war immer genug zu trinken da   oder fast immer

Ich schrieb meinem alten Herrn in L. A. einen Brief
»Du kannst dir für deine gottverdammten Nachbarn
schon mal eine Story ausdenken   ich gehe nämlich
nicht in deinen Krieg«

     »Wenn der letzte Krieg nicht gewesen wäre«
schrieb er zurück   »dann wärst du heute nicht einmal
da   dann hätte ich deine Mutter nie kennengelernt
und du wärst nie geboren worden *Mein Sohn, dein Land
befindet sich im KRIEG!!!!«*

Die Tatsache   daß ein Krieg nötig war   damit ich
geboren werden konnte   schien mir kein ausrei-
chender
Grund zu sein   um jetzt noch mal einen zu machen

     Ich ging aus und betrank mich   gründlich

Am nächsten Morgen ging ich da runter   und ließ mich
mustern   Ein Junge wurde ohnmächtig als sie ihm Blut
abzapften   Ich sah die Kanüle in meine Ader gleiten

und sah zu wie mein rotes Zeug in das Röhrchen lief
und kam mir stark vor

                Dann sahen sie mir in den Arsch
und dann ging ich rein zum Psychiater

»Sie haben Ihre Unterhose verkehrt herum an«   sagte
er zu mir   Ich stand auf und zog sie richtig herum
an

     Er saß da und sah mich an
»Was halten Sie von Picasso?« »Anfangs«   sagte ich
»fand ich ihn ganz gut   Jetzt nicht mehr«
»Schreiben Sie oder malen Sie?«

                        »Ja«

»Ja was denn nun?«
                  »Wie ›ja was denn nun‹?«
Ich habe gefragt ob Sie schreiben oder malen«
                         »Lassen
Sie mich in Ruhe«   sagte ich
               »*Wurden schon Sachen
von Ihnen veröffentlich? Bilder irgendwo ausgestellt?«*
                »Nichts   Nirgends«
»Glauben Sie an den Krieg?«   fragte er
             »Nein«   sagte ich
»Sind Sie bereit in den Krieg zu gehen?«   fragte er
             »Nein«   sagte ich
*»Warum verweigern Sie dann nicht den Kriegsdienst aus
Gewissensgründen?«*
             »Weil ich mir nicht sicher bin
ob es Gott überhaupt gibt«   sagte ich
*»Nächsten Mittwochabend haben wir ein Meeting eine
Party   für Ärzte Schriftsteller und Künstler   ich
möchte daß Sie kommen ich lade Sie dazu ein werden
Sie kommen?«*

»Nein«

»Na schön«   sagte er   »Sie brauchen nicht zu
gehen«
»Wohin?«   fragte ich   »Zu Ihrer Party, oder in den
Krieg?«

»Beides«   sagte er   »Sie haben wohl nicht gedacht
daß wir Sie verstehen   wie?«

»Nein«

Er schrieb etwas auf ein Blatt Papier und faltete es
und heftete es mit einer Büroklammer an meine Karte
»Geben Sie das ab   da hinten«

Er hatte eine Menge Zeug geschrieben   Unterwegs hob
ich das gefaltete Stück Papier an und sah mal da rein
aber alles was ich lesen konnte war
»verbirgt hinter
seinem Pokergesicht
eine übergroße Empfindlichkeit«
Das war mir neu
                    Und dann schrie mich irgendein
Typ in Uniform an   *»All right, Mann   Uncle*
Sam will
dich nicht haben«
und ich ging hinaus in den wunderschönen klaren Tag

»Geht's in den Krieg?«   fragte meine Zimmerwirtin
»Nee«   sagte ich   »schwaches Herz«
»Ach je«   sagte sie   »tut mir leid für Sie«
Ich ging nach oben und goß mir einen kräftigen Drink
ein

Schwaches Herz schwaches Herz schwaches Herz
Hast du dich falsch verhalten?   Vielleicht solltest
du doch gehn   Vielleicht solltest du direkt ins Trom-
melfeuer reinmarschieren   Ach was, Freund   Sie haben
dich abgelehnt   Uncle Sam will dich nicht haben
Du hast einen Knacks
Ich lächelte und goß mir
noch einen ein

Ich weiß nicht mehr genau wann   aber einige Zeit danach
sitze ich in einem anderen billigen Zimmer   in Philadelphia   ich trinke eine Flasche Portwein   habe einen
Plattenspieler und höre mir gerade den 2. Satz aus der
2. Sinfonie von Brahms an   da klopft es an die Tür
Das Klopfen hört sich ganz höflich an   und da ich
kaum
jemand kenne   sage ich mir: entweder hat sich eine von
den Nutten da unten an der Ecke in mich verliebt   oder
es ist jemand der mir den Nobelpreis geben will
Ich machte die Tür auf und 2 große Kerle standen da
und
der eine sagte   »F. B. I.«   und der andere sagte   »Sie
sind verhaftet«

Ich ging zum Plattenspieler und nahm dem Brahms
            die Nadel aus den Rillen
»Wir haben einige Fragen an Sie«   sagten sie   »downtown«
            »Meinetwegen«

»Sie ziehn sich besser einen Mantel an   Kann sein
daß Sie eine Weile weg sind«

Wir gingen die Treppe hinunter und auf die Straße
und stiegen ins Auto   Es schien als würde aus jedem

Fenster jemand raushängen   Auf dem Rücksitz saß ein
weiterer Typ und der sagte   »Die Hände auf die Knie
und keine falsche Bewegung!«
Wir fuhren eine Weile
und dann langte ich hoch und wollte mir die Nase
kratzen
              »Runter mit der Hand«   schrie einer von
ihnen   »Der Kerl ist ganz schön unverfroren«   sagte
ein anderer   »Ich glaube da haben wir den Richtigen
yep   schätze da haben wir den Richtigen«

Ach du lieber Gott   dachte ich   was hab ich denn
jetzt wieder verbrochen

Sie führten mich in einen Raum der größtenteils leer
war   bis auf eine Reihe Fotos an den Wänden

              »Sehen Sie die da?«   fragte einer von ihnen mit
strenger Stimme und zeigte mit der Hand darauf
              »Ja«   sagte ich
»Das sind alles Männer die im Dienst des F. B. I. ihr
Leben lassen mußten«

Dann führten sie mich in einen anderen Raum   Dort
saß
ein Mann in Hemdsärmeln hinter einem Schreibtisch
              »BUKOWSKI?«
                        »Ja«
                              »HENRY C. Jr.?«
                                        »Ja«
              »Wo zum Teufel steckt Ihr Onkel John?!«
»Mein was?«
              »Ihr Onkel John, verdammt noch mal!«
Der meint anscheinend   dachte ich   irgendein ge-
heimes Ding mit dem ich Leute umbringe
              »Ihr Onkel! John Bukowski!«

>>Ach so   John
Der ist tot<<

>>Kein Wunder, daß wir den Kerl nirgends finden können!   Warum haben Sie sich vor dem Wehrdienst gedrückt?<<

>>Ich bin u. k. gestellt<<

>>Soso   u. k.<<

>>Ja   Psycho<<

>>Warum sind Sie umgezogen ohne Ihre Musterungsbehörde zu benachrichtigen?<<

>>Weil ich es nicht für nötig hielt   Ich dachte das Ding ist gelaufen<<

>>Warum sind Sie umgezogen?<<

>>Ich flog raus weil ich die ganze Zeit besoffen war   Meine Zimmerwirtin sagte ich mach die Bettlaken blutig<<

>>Warum haben Sie Ihre Musterungsbehörde nicht benachrichtigt?<<

>>Sagen Sie mal was haben Sie eigentlich?   Ich bin bloß um die Ecke gezogen   ganze 80 Schritte weiter. Und beim Postamt hab ich einen Nachsendeantrag gestellt   Wenn ich mich verdrücken wollte hätt ich mich geschickter angestellt<<

>>Okay   Also wir haben Sie hier nicht geschlagen, oder?<<

>>Nein<<

>>Und wir haben Ihnen auch keine Handschellen angelegt, oder?<<

>>Nein<<

>>Wir werden Sie jetzt solange festsetzen bis unsere Untersuchung abgeschlossen ist ...<<

Sie brachten mich nach unten und steckten
mich in eine kleine Zelle ohne Toilette und Waschbecken   keine Pritsche   kein Stuhl   ich
stellte mich ans Fenster und sah durch die Gitterstäbe hinaus   es war Samstagmorgen und die Straße
draußen war eine der Hauptgeschäftsstraßen   Die
Sonne schien   es sah gut aus da draußen   Leute
gingen vorbei   locker   unbeschwert   Aus einem
Lautsprecher über der Tür eines Plattenladens auf
der anderen Straßenseite drang Musik   Meine Stimmung wurde dadurch nicht besser   Das leichte Leben
lernt man immer erst schätzen wenn sie es einem ver-
baut haben   Im Krankenhaus   ans Bett geschnallt
Vielleicht stirbt man oder man kommt davon und muß
wieder rein   Oder im Knast   ohne zu wissen ob
und wann man wieder rauskommt   Da fängt man dann
an zu denken   da merkt man wie schön es draußen in
der Sonne war   da erscheint einem schon ein Gang
zum Zeitungsstand an der Ecke als sowas wie Beethovens Neunte

Am nächsten Tag wurde ich in ein größeres Gefängnis
verlegt   Sie steckten mich zu einem kleinen dicken
Kerl in die Zelle der aussah wie ein Geschäftsmann

Er streckte mir die Hand hin: »Ich bin
Courtney Taylor   Staatsfeind Nummer Eins«
Ich schüttelte ihm die Hand
»Wegen was bist du drin?«   fragte er
»Sie sagen ich hätte mich vor dem
Wehrdienst gedrückt«
»Dann mach dich auf was ge-
faßt«   sagte er   »Wenn wir nämlich eins hier drin
nicht ausstehen können dann sind es Typen die sich
vor dem Wehrdienst drücken«
»Ehrensache unter Dieben   was?«

»Was meinst du damit?«

»Damit mein' ich *dich*, du Wichser   Laß mich in Frieden«

»Wenn du dich umbringen willst dann kann ich dir sagen wie«   sagte er

»Ich will's nicht hören«   sagte ich
»Du nimmst einfach diesen Eimer da   machst Wasser rein   ziehst dir den einen Schuh aus und stellst den Fuß rein   Aber erst machst du die Lichtleitung von der Decke ab   Ich heb dich hoch dann kannst du die Schrauben rausdrehen   Du biegst das Kabel runter   schraubst die Glühbirne raus   steckst den Finger in die Fassung   deinen Fuß in den Eimer und schon bist du aus allem raus«

Das hörte sich gut an   aber irgendwas daran kam mir grotesk und peinlich vor   deshalb beschloß ich es sein zu lassen

Ich legte mich auf die Pritsche   Es dauerte nicht lange da spürte ich wie mich etwas biß: Wanzen

»Sag mal«   sagte ich   »hast du Lust auf ein kleines Spiel?«

»Was denn zum Beispiel?«
»Ich wette«   sagte ich   »daß ich mehr Wanzen fangen kann als du   Ich wette 5 Cents pro Stück«
»Die kommen erst richtig raus wenn das Licht aus ist«   sagte er

»Du meinst das wird noch schlimmer?«   fragte ich
»Genau   Es werden ungefähr 30 Mal mehr«
»Hast du's dem Schließer schon gesagt?«
»Ja   Aber ich kann's ihm ja noch mal sagen

HEY, SCHLIESSER   SCHLIESSER!!!   WIR
HABEN WANZEN HIER DRIN!   SCHAFF
UNS DIE GOTTVERDAMMTEN WANZEN
HIER RAUS!   HEY!   SCHLIESSER!!!«
                    Niemand ließ sich blicken
Wir machten ein paar Spiele   21   Blackjack
          Nach fünf Minuten kam der Schließer rein.
*Ich will hier keinen Radau!   Ihr Arschficker
habt die Viecher wahrscheinlich selber hier ein-
                    geschleppt!«

          Ich erwischte bei den Würfelspielen auf dem
Gefängnishof eine Glückssträhne   und sie hielt
an   3, 4, 5 Tage   meine Laune besserte sich
Ich schaffte mehr Geld an als ich jemals draußen
verdient hatte   Wir hatten immer Hunger   und
jeden Abend nach Zapfenstreich kam der Koch und
brachte Kompott und Schlagsahne und Kaffee und
Steaks
und ich steckte ihm 1 oder 2 Dollar zu und mein
Staatsfeind beklagte sich nicht länger über die
Zumutung mit einem Wehrkraftzersetzer die gleiche
Zelle teilen zu müssen   Wir wetteten auf unsere
Bettwanzen   5 Cents pro Stück   und Taylor erwies
sich als hochkarätiger Schwindler und streckte seine
indem er sie in zwei Hälften brach   Aber ich war
flinker und hatte den stärkeren Drive   ich war ein
Poetaster und zählte im Geist die Grabsteine und
spürte die Klinge in meinem winselnden Hirn   Und so
bliesen wir unseren Wanzen das Lebenslicht aus   Der
Psycho und der Staatsfeind Nummer Eins   Während
der
Rest der Welt sich die eingeklemmten Eier hielt und
in Agonie versank: 2. Weltkrieg   Und wenn unser
Kleinkrieg gegen die Wanzen vielleicht nicht ganz
so bedeutend war wie das große Geschehen da draußen

dann muß es uns im Eifer des Gefechts wohl ent-
gangen sein ...

JEDENFALLS   wie gesagt   wir frönten
gerade so schön unserer Wettleidenschaft   da vertrieben sie uns plötzlich aus unserer Zelle und
räucherten sie aus   ungefähr 5 oder 6 Tage nach
unserer Beschwerde

Ich kam zu einem uralten Kacker
in die Zelle   Ein Polacke oder so was   (Mein Familien-
name hört sich nur so an   in Wirklichkeit bin ich
alter preußischer Landadel) (schließlich ist das hier
alles frei erfunden)   (oder nicht?)   (langsam *nervt*
mich diese Geschichte hier   ich würde viel lieber
eine heiße Nummer schieben   ihr nicht auch?)
Na schön   also der Alte paßte meinen ersten Hof-
gang ab und riß mein Bettlaken in Streifen und
drehte sich eine Wäscheleine daraus ...   Nun
habe ich aber   trotz meines Pokergesichts   eine
sehr empfindliche Haut die keine kratzenden Wolldecken verträgt   Was mir nur einer richtig nach-
fühlen kann der selber keine verträgt   Und der
alte Mann hockte ständig auf dem Pott und saugte
an einer kalten Pfeife und von der kreuz und quer
gespannten verdammten Behelfswäscheleine tropfte
es von seinen Socken und sonstigen Polackenfetzen
auf mich herunter   und er war ständig am Kacken
und sagte in einer Tour

TARA BUBU EAT   TARA BUBU SHEET
TARA BUBU EAT   TARA BUBU SHEET
und dazu lachte er
Er verklickerte mir den Sinn des Lebens   aber
alles was ich empfand war daß er mir die Amseln
von den weißen Felsen von Dover vertrieb und daß
diese Wolldecke an meiner Haut scheuerte

HÖR ZU   DU DÄMLICHER SCHEISSER
eröffnete ich ihm   ICH HAB BEREITS ZWEI MÄN-
NER AUF DEM GEWISSEN! UND EH ICH MIR
EINEN JUCKENDEN ARSCH EINHANDLE
BRING ICH AUCH DICH NOCH UM!!!

Aber der alte Idiot
lachte mich nur an   Für einen Augenblick sah ich
es vor mir   Ich konnte mich dazu hinreißen lassen
    Meine Hände um seinen toten faltigen Hals   Wer
sagt daß man einen Toten nicht mehr umbringen kann?
    Die Augen quellen raus   die Zunge   die Lunge
hechelt nach Luft   Aber der Gedanke daran war doch
zu widerwärtig   Ich glaube nicht daß Dostojewski
in ›Schuld und Sühne‹ darauf rauswollte daß der
Mensch
nicht entscheiden kann wer zu verschwinden hat   Er
kann es sehr wohl   und er weiß es auch   Es ist nur
bequemer wenn man's dem lieben Gott überläßt   Denn
sonst müßte man mit allen aufräumen   auch mit sich
selber   Und das würde Gott schlecht aussehen lassen
und außerdem haut es nicht hin   Wenn man nämlich
Gott
eliminiert   dann muß man alles selber machen   Und
mit 20 oder 30 oder 60 Jahren auf dem Buckel kommt
man gegen eine Hypothek von 2000 Jahren Tradition
nicht an   Deshalb tat Dostojewski das einzig Richtige: er räumte ein daß er sich irren könne   Obwohl er es im Gefühl hatte daß er richtig lag   Und
deshalb ließ ich es dabei: der alte Mann schiß
und laberte sein ›Tara Bubu‹ und ich schlief unter
meiner kratzenden Wolldecke

Die Würfelspiele wurden immer wieder unterbrochen
von einem Wächter im Turm der seine MPi auf uns

anlegte   Der Typ dem die Würfel gehörten nahm sich
aus jedem Pott einen viel zu großen Anteil und die
Verlierer wurden sauer und einer von ihnen sagte
zu ihm   *Du rührst diesen Pott nicht eher an
als bis ich dir's sage!«   Und dann lief das Spiel
wieder eine Weile   bis der Kerl im Turm wieder
seine Spritze schräg nach unten richtete

Sie kamen und holten mich aus der Zelle und
dann ging's in ein Zimmer wo sie einen Bericht auf-
setzten

Sie fragten mich, wie man manche Wörter
buchstabiere   Andernach zum Beispiel   und solche
Sachen

Ich hatte inzwischen einen roten Vollbart
und sie wollten wissen warum und ich sagte

»Hatten Sie schon mal die letzte Zelle hinten
im Gang?   Die Rasierklinge wird vorne in der
ersten Zelle ausgegeben und damit müssen sich alle
rasieren und bis sie hinten ankommt ist sie stumpf

Und waren Sie schon mal mit einem alten Mann
in der Zelle für den der einzige Spaß im Leben
nur noch aus Essen und Scheißen und Rasieren besteht?   Würden Sie ihm $^1/_3$ von seinem Spaß nehmen
und die Rasierklinge *vor* ihm benutzen?   Außerdem
brauch ich diesen roten Vollbart damit mich die
Wolldecken nicht so kratzen«

»Ich glaub dieser Kerl spinnt«   sagte einer
von ihnen

Na jedenfalls   3 oder 4 Tage danach
            ließen sie mich raus

aber erst mußte ich noch einmal bei der Army vor-
stellig werden   ärztliche Untersuchung   und dann

zum Psychiater
                          und bei dem fiel ich erneut durch
Und am Tag als sie mich rausließen   noch ehe ich
mich nach einem Zimmer umsah   legte ich mich im
Park hinter der Stadtbibliothek von Philly ins Gras
          Ich lag auf dem Rücken und spürte wie kleine
Käfer auf mir herumkrochen aber ich ließ sie
    Sie waren schöner und sauberer als das was vorher
auf mir herumgekrochen war
                          Ich lag da und ließ mir
die Wolken durch den Kopf ziehen   aber der Himmel
hatte eine giftige Farbe   die Augen taten mir weh
    alles war mir verleidet   ich wurde immer trüb-
sinniger
          Ich hörte ein paar Mädchen vorbeikommen
sie redeten   lachten   eine stolperte über meine
Füße und sagte   »OOOh...OOOH«   und dann
kicherte sie   Ich starrte finster zu ihnen hinauf
aus meinem roten Putzwolle-Gestrüpp   und eine
von ihnen sagte
    »OOOOOH   den möcht ich gerne mal haben!«
und ich fiel zurück und versank wieder in den
      Wolken   Später rappelte ich mich hoch
                aus meinem jämmerlichen grünen
          Grab   und setzte mich auf eine Parkbank und
sah dem Verkehr zu   und da kam es: Lastwagen
ein ganzer Konvoi   voll von braven jungen Soldaten
die auch bloß leben wollten   ich sah sie an und
für einen Augenblick spürte ich eine Nähe zu ihnen
    diesen ANDEREN   aber wieder einmal blitzte ich
bei ihnen ab   bereits auf dem ersten Lastwagen wurde gezischt und geflucht und gebuht   nackter Haß
schlug mir entgegen   sie wollten mich auch da oben
haben   Der Haß zog jetzt eine Spur   die ganze Straße
lang   während die übrigen Lastwagen langsam an mir
vorbeirollten   Es war wie eine Oper   eine Oper in

der einem nichts als Verdammnis um die Ohren schallt
     Aber ich hatte den Krieg nicht gewollt   werde
auch nie einen wollen   und die Götter und die Würfel
waren mir gnädig gewesen   und ich hob den Arm und
winkte ihnen zu und lächelte   »DU FEIGE SAU!«
schrie einer   »KOMM HOCH VON DEINEM
TOTEN ARSCH!«

     Ich ließ meinen Arsch wo er war   Ich sah ihnen
nach
wie sie verschwanden   irgendwohin   Der Junge der
bei der Blutentnahme in Ohnmacht gefallen war   der
war vermutlich auch dabei
                         Wir waren alle
sehr jung   Ich war jung   Sie waren jung
     Aber wenn ich so
          an den schweinischen Krieg dachte
   und an den schweinischen Mob
          dann war ich wohl
doch nicht so jung
wie sie.

Sitze hier in der
Wohnung eines Freundes
an der Schreibmaschine,
und auf dem Tisch sehe ich
ein schwarzes Buch liegen:
Jeffers' ›Be Angry at the Sun‹.
Ich denke oft an Jeffers,
an seine Felsen, seine
Falken, seine Isolation.
Jeffers, der war
wirklich noch ein
Einzelgänger. Ja, der
mußte schreiben.
Ich versuche an Einzel-
gänger zu denken,
die nie einen Durchbruch
schaffen, weder schreibend
noch sonstwie, und ich
sage mir: das ist
nichts Starkes, das ist
irgendwie tot.
Jeffers war lebendig
und allein, und er
machte seinen Standpunkt
klar.
Seine Felsen, seine Falken,
seine Isolation –
das zählte.
Er schrieb es mit seinem
einsamen Blut. Ein Mann,
in die Ecke getrieben,
aber in dieser Ecke

leistete er Widerstand
bis zum Letzten.

»Ich habe mir meinen
Felsen geschaffen«, stand
auf dem Zettel, den er
unter der Tür durchschob,
als jene reizende
junge Dame ankam,
»kümmern Sie sich
um Ihren.«
Es war dieselbe Dame,
die es bereits mit
Ezra Pound getrieben hatte.
Sie schrieb es mir.
Jeffers habe sie
einfach so
weggeschickt.
BE ANGRY AT THE SUN.
Jeffers war ein Felsen,
aber er war nicht tot.
Sein Buch liegt hier,
links von der Maschine.
Ich denke an all die
Menschen in seinen Gedichten,
die zu Boden gehen, sich
erhängen, erschießen,
Gift nehmen . . . sich
verbarrikadieren gegen eine
unerträgliche Menschheit.
Jeffers war wie seine Menschen:
er verlangte Vollkommenheit
und Schönheit, und das war
in menschlicher Gestalt
nirgends zu finden.
Er fand es in anderer

Gestalt. Ich finde es
nicht einmal dort. Ich bin
wütend auf Jeffers. Nein,
ich bin es nicht. Und wenn
diese Dame bei mir ankommt
werde ich sie auch weg-
schicken. Schließlich, wer
möchte nach dem alten Ez noch
der Nächste sein?

Überleben ist alles

Früher war ich
groß im Reisen, auch
ohne Geld. Manche Städte
brachte ich in 2 Wochen
hinter mich, manche in
3 Tagen ... jahrelang machte
ich die großen Städte
durch, mit einigen
bekam ich es zwei- oder
dreimal zu tun.
Jetzt bin ich hier,
seit zehn Jahren – nicht nur
in der gleichen Stadt,
sogar im gleichen Apartment.
Zehn Jahre ...
Vor mir wohnte hier eine,
die wahnsinnig wurde;
sie schrie, als man sie
wegtrug unter einem
großen weißen Tuch; dann
zog ich ein.
Bis jetzt ist es gut-
gegangen ... verschiedene Jobs,
verschiedene Frauen, es gab
immer wieder einen Weg;
irgendwie, scheint es,
schlängelt man sich durch.
Wenn nur die Ameisen
nicht wären ... die Ameisen
hier drin sind unglaublich
stur; sie nisten sich
immer wieder im Abfluß

der Badewanne ein, im
Abfluß des Waschbeckens.
Die Lösung, die sich anbietet,
ist wohltuend und hygienisch
und widerwärtig zugleich:
ich drehe den Heißwasser-
hahn auf und sehe zu
wie sie in einem kochenden
Strudel zur Hölle fahren ...
aber sie kommen immer wieder,
und jedesmal sind es mehr,
sie kommen schneller zurück
als die Frauen.
Heute wollte ich gerade wieder
eine Ladung erledigen, in
Badewanne und Waschbecken,
als das Telefon klingelte –
es war mein Freund Danny.
Hör zu, sagte er, du bist
der einzige wirkliche Mensch,
den ich kenne. Ich werd
mich umbringen ...
Nur zu, sagte ich.
Sie hat mich verlassen,
sagte er, einfach so,
kaum ein Wort ... Ich hab sie
wirklich geliebt. (Er begann
zu schluchzen.)
Jetzt hör mir mal zu, sagte
ich. Eine Ische kennenzulernen
ist Zufall; von einer verlassen
zu werden, ist dagegen ein
elementarer Fakt des Lebens.
Sei froh, daß du es mal
mit einem elementaren Fakt
zu tun kriegst ...

Danke, sagte er, und legte
auf.
Ich ging zurück zu meinen
Ameisen und drehte beide
Heißwasserhähne gleichzeitig auf.

Ich verbrühte und ersäufte sie
gründlich.

Wieder schrillte das Telefon.
Hör zu, sagte er, ich mach es!
Diesmal mach ich ernst!

Ich legte auf.

Allein mit einem Flammenwerfer

Die Erinnerung an früher,
die guten Augenblicke,
das Goose Girl vom
Hollywood Park, 1950,
die roten Röcke, die Trompeten,
und die Gesichter, gezeichnet
von Messern und Fehlern;
ich bin soweit, daß ich mich
von allem zurückziehe;
ich habe einen alten Kerosin-Kocher,
Kerzen, 22 Dosen Campbell's Soup
und einen 80jährigen Onkel in
Andernach, Deutschland,
der einmal Bürgermeister
dieser Stadt war, in der ich
vor langer Zeit geboren wurde.
Ich kenne diese Melodie, es
schmerzt am ganzen Körper,
und Leute klopfen bei mir an,
kommen herein, trinken und
reden mit mir,
ohne zu merken, daß ich längst
aufgegeben habe,
die Küche aufgeräumt,
die Mäuse unter dem Bett verjagt,
gefaßt auf den letzten
endgültigen Strahl
aus dem Flammenwerfer.

Ich sehe die Gebäude an, die
Wolken, die Ladies, ich lese
die Zeitung, meine Schnürsenkel

reißen, in meinen Träumen
sind die Stierkämpfer so
mutig wie die Stiere, alle
sind so tapfer, die Menschen,
die Katzen, sogar die
Dosenöffner.

Mein Onkel schreibt mir
in seiner zittrigen Handschrift:
»Wie geht es deiner kleinen Tochter,
und bist du bei guter Gesundheit?
Du hast auf meinen letzten Brief
nicht geantwortet . . .«

»Lieber Onkel Heinrich«, schreibe
ich zurück, »meine Kleine ist
sehr clever und lieb und hat
ein gutes Herz. Ich hoffe, es
geht dir gut, und du fühlst
dich wohl. Ich lege dir ein
Foto von Marina bei. Laß wieder
von dir hören, wenn es geht.
Hier hat sich nichts
geändert, es ist alles
beim alten.
        Herzlichst,
          Henry«

Der Wilde

Einmal, als sie mir
die Fingerabdrücke
abnahmen und mich fürs
Album fotografierten,
ließ ich die Asche meiner
Zigarette auf den Boden fallen,
und der Bulle wurde wütend
und sagte: »Zum Donnerwetter,
was glaubst du eigentlich,
wo du hier bist?!«
»Im L. A. County Knast«, sagte ich.
»All right, du Klugscheißer«,
sagte er, »du gehst jetzt
hier den Gang runter
und dann links.«
Ich ging runter und
links, und da
war es:
sie hatten dieses fürchterliche
Ding, ganz allein in dem
riesigen Zellenblock,
über die Gitterstäbe war
zusätzlich Maschendraht gespannt,
es waren die Ausnüchterungszellen
von L. A. County, und ich war
ihr Liebling,
und das Ding sah mich,
kam angerannt, warf sich
knurrend gegen Gitterstäbe und
Maschendraht, als wolle es mir
ans Leben, und ich stand da
und sah es an. Schließlich

sagte ich: »Lust auf 'ne
Zigarette? Wie wär's damit?«
Das Ding rüttelte am Draht und
knurrte noch ein paarmal, und ich
schüttelte einen Glimmstengel
aus der Packung, das Ding
setzte ein erfreutes Grinsen auf,
ich schob die Zigarette durch
den Maschendraht, steckte sie ihm
zwischen die Lippen, gab ihm
Feuer.
»Ich kann sie auch nicht leiden«,
sagte ich. Das Ding grinste
und nickte mit dem Kopf.

Der Schließer kam und holte mich
da weg und steckte mich
in eine Zelle, und die
5 Gestalten da drin
sahen erheblich weniger
lebendig aus.

Karneval

Er betrank sich und legte
sich mit brennender Zigarette
ins Bett und schlief ein,
und es gab ein Feuer,
und er lag da drin
in den Flammen,
bis ein Freund im
Zimmer nebenan den Rauch
roch und zu ihm rein rannte
und ihn an den Armen
aus den Flammen ziehen wollte,
aber die Haut pellte sich
glatt ab, er mußte noch einmal
zupacken, fester, bis zum
Knochen, jetzt brachte er ihn
hoch und raus, und der Mann
schrie und rannte blindlings
drauflos, er knallte
gegen einige Wände,
schaffte es schließlich
durch zwei Türen,
zu sechst versuchten sie
ihn zu halten, aber er
riß sich los und rannte
auf den Hof hinaus,
schreiend rannte er
in einen Zaun,
und dann hing er schreiend
im Stacheldraht fest,
und sie mußten hinterher
und ihn aus dem Stacheldraht
befreien.

Er lebte noch 3 Tage und
Nächte.

Rauchen und Trinken
ist schlecht für die
Gesundheit.

Schnürsenkel

Eine Frau, ein
platter Reifen, eine
Krankheit, eine Sehnsucht;
Ängste, die einem den Weg
verbauen; Ängste, die so still
halten, daß man sie studieren kann
wie Figuren auf einem Schachbrett ...
Es sind nicht die großen Dinge,
die einen Menschen ins
Irrenhaus bringen. Auf den Tod
ist man gefaßt, auf Mord,
Inzest, Raubüberfall,
Feuer, Überschwemmung ...
Nein, was einen ins Irrenhaus bringt,
ist die nie abreißende Serie
von *kleinen* Tragödien ...
Nicht der Tod eines
geliebten Menschen,
sondern ein Schnürsenkel
der reißt, wenn man eh schon
zu spät dran ist ...
Der Schrecken in diesem Leben,
das ist dieser Wust von
trivialen Dingen, die all-
gegenwärtig sind und einen
schneller erledigen können
als Krebs –
Nummernschilder oder Steuern
oder Führerscheinentzug
oder heuern und feuern,
austeilen oder einstecken müssen
oder Verstopfung

Strafzettel
Rachitis oder Grillen oder
Mäuse oder Termiten oder Kakerlaken
oder Fliegen oder ein kaputtes Spring-
rollo oder kein Benzin mehr
oder zuviel Benzin;
der Ausguß ist verstopft und der
Hauswirt ständig besoffen;
der Präsident kümmert sich
um nichts, und der Gouverneur
hat sie nicht mehr alle;
der Lichtschalter bricht ab,
auf der Matratze liegt sich's wie
auf einem Stachelschwein,
$ 105 für Zündkerzen Vergaser und
Benzinpumpe bei Sears Roebuck,
und die Telefonrechnung ist
fällig und die Wirtschaft
in der Flaute und die Kette
von der Klosettspülung ist ab,
und sämtliche Lichter
sind futsch – das Flurlicht,
das vordere Licht, das hintere
Licht, das innere Licht; es ist
dunkler als in der Hölle
und doppelt so teuer.
Und dazu immer wieder
Milben und eingewachsene
Fußnägel und Leute, die
darauf bestehen, sie seien
deine Freunde.
Das, und Schlimmeres;
tropfende Wasserhähne, Weihnachten
und der Weihnachtsmann, blaue Salami,
9 Tage Regen, Avocados für
50 Cents das Stück und

violett angelaufene
Leberwurst.

Oder sich über die Runden quälen
als Kellnerin bei Norm's in der
Doppelschicht, oder Bettpfannen
leeren, Autos waschen, den Bus-
schaffner mimen oder alten Omas
die Handtasche entreißen und sie
kreischend stehenlassen auf dem
Bürgersteig, mit gebrochenem
Handgelenk und 80 Lebensjahren;
plötzlich im Rückspiegel zwei
Blaulichter entdecken,
und Blutflecken in der
Unterhose;
Zahnschmerzen, und $ 979 für eine
Brücke, und $ 300 für einen
Goldzahn; und China und
Rußland und Amerika und langes Haar
und kurzes Haar und überhaupt kein
Haar, und Bärte und keine Gesichter
und jede Menge Zigarettenpapier,
aber kein Pot, höchstens einen
Pott zum Reinpissen und vielleicht
noch einen Schmerbauch dazu.

Jeder hundertste gerissene Schnürsenkel
bringt wieder einen Mann, eine
Frau oder sonst was ins

Irrenhaus.

Also seht euch vor,
wenn ihr euch
das nächste Mal
bückt.

Amerikanischer Matador

Natürlich, nach jedem Kampf
hat er die große Auswahl,
aber dann geht es ihm wie
allen Männern: er
verliebt sich in eine.
Man spürt es in den Eingeweiden,
wenn sie einen soweit haben.
Und das Girl sagt zu ihm:
»Entweder die Stiere oder ich!«

Er verzichtete auf die Liebe
und sah statt dessen
dem Tod ins Gesicht.

In Tijuana könnt ihr ihn sehen,
wie er dicht am Horn arbeitet
und es immer wieder riskiert.
Er ist schon einige Male
aufgespießt worden.

Man hat den Eindruck, wenn
man ihn so kämpfen sieht,
daß die Sache immer noch
an ihm frißt, daß sie ihn
näher rangehen läßt,
als er sollte ...

Der Degen glitzert
in der Sonne, dann
geht er rein:
Liebe.

Eine aussterbende Gattung

Heute sah ich im Thrifty Drugstore
eine originale Hure, wie es sie
heutzutage kaum noch gibt,
sie erstand eine Flasche Gin
und eine Flasche Wodka,
die Haare blond gefärbt,
relaxed stand sie da, in einem
schwarz-weiß gestreiften Kleid,
das ihr bis knapp über die Knie
ging, sie hatte eine beachtliche
Oberweite und rundum schon einiges
Fett angesetzt, und die Verkäuferin
die sie bediente, rümpfte deutlich
die Nase, aber an so etwas war
die Hure gewöhnt, sie wartete
auf ihr Wechselgeld und daß man ihr
die Flaschen in eine Tüte packte,
und beim Rausgehen zeigte sie
lässige Beinarbeit, und Leute
sahen von ihren Illustrierten hoch,
und die Jungs am Zeitungsstand
machten Augen, und die Kunden
die gerade ihre Autos parkten
machten Augen, und ich
ging direkt hinter ihr und
machte ebenfalls Augen, und sie
stieg in einen grünen Wagen,
grün wie der Filz eines Spieltischs,
steckte sich eine Zigarette an,
und bestimmt fuhr sie irgendwo hin,
wo eine magische Atmosphäre in der
Luft lag, wo die Leute immer lachten

und die Musik immer spielte,
wo es anständige Drinks gab
und schöne Teppiche und Möbel
und hohe Berge
und 3 Schäferhunde auf dem Rasen,
und wenn sie es mit einem machte,
dann merkte man es auch
und mußte nicht ein Leben lang
dafür bezahlen, und aus dem
Aschenbecher, ein bißchen naß
von Bier und Ginger Ale,
kräuselte sich der blaue Zigaretten-
qualm durchs dunkle Zimmer,
sie besorgte es einem, gekonnt und
sicher wie ein Leopard, der
einen Hirsch reißt,
und in der Badewanne sollte man
sie erst mal erleben, wenn sie
eine Arie sang aus einer dieser
italienischen Opern.

Spätvorstellung

Meine Freundin
bekam einen Tobsuchts-
anfall und schmiß
meine ganzen Whisky-
und Bierflaschen kaputt,
dann rannte sie schreiend
aus der Tür.

Fünf Minuten später
waren die Bullen da,
einer hielt eine Schrotflinte
schußbereit in der Hand,
und sie stellten mir
diverse Fragen, und
eine davon war:
»Was sind Sie
von Beruf?«

»Schriftsteller«,
sagte ich.

Der Bulle setzte
ein höhnisches Grinsen auf,
ging an meine Schreibmaschine,
griff sich einige Blätter
und fing an
zu lesen.

Es war mein 2½-Seiten-Essay
über den Sinn des
Selbstmords.

Er fand ihn anscheinend
nicht besonders
interessant.

Als sie weg waren
fuhr ich raus nach
Altadena und blieb
über Nacht bei einer
22jährigen
mit seltenen Qualitäten,
einigem Pot,
3 Katzen,
3 Homos,
einem 7jährigen Sohn,
einem Hund
und einem Foto
von mir, 24 × 20,
das über dem offenen
Kamin hing, und
auf dem ich
sehr weise
dreinsah.

Die Schönheit des Schimpansen

Sie zog sich vor mir aus,
aber so, daß ihre Pussy immer
in die andere Richtung zeigte.
Ich lag im Bett mit einer
Flasche Bier.

»Woher hast du denn die Warze
auf deinem Arsch?« fragte ich.

»Das ist keine Warze!« sagte sie.
»Es ist ein Leberfleck, so was wie
ein Muttermal.«

»Das Ding macht mir Angst«,
sagte ich, »lassen wir's
lieber sein.«

Ich stand auf und ging ins
Wohnzimmer und setzte mich
in den Schaukelstuhl und
schaukelte.

Sie kam heraus. »Jetzt hör mir
mal zu, du altes Stinktier«,
sagte sie. »Du hast Warzen
und Narben und so Sachen
am ganzen Körper! Ich
glaub fast, du bist der
häßlichste alte Knacker,
den ich je gesehen hab!«

»Vergiß es«, sagte ich.
»Erzähl mir noch was
von diesem Leberfleck
auf deinem Hintern.«

Sie ging ins Schlafzimmer und
zog sich an, und dann
rannte sie an mir vorbei
und knallte die Tür zu
und war fort.

Und das, obwohl sie
meine sämtlichen
Gedichtbände
gelesen hatte.

Natürlich war ich
kein schöner Mensch.
Ich konnte nur hoffen,
daß sie es nicht
weitersagte.

Klimax

Ich war irgendwo ... irgendwo in
Europa ... 2. Aufzug, 2. Szene,
Siegfried ...
das ganze Gebäude wankte,
Feuer brach aus,
Weltuntergang,
Leiber flogen durch die Luft
wie verrückte Clowns,
das Orchester hörte auf
zu spielen ...
»DIE BOMBE!« schrie
jemand, »DIE BOMBE!!«
die Bombe die Bombe die Bombe
die Bombe.
Ich packte eine dicke
Blondine,
riß ihr das Abendkleid
runter,
Götterdämmerung!
»Ich will nicht
sterben!« kreischte
die Blondine. Das ganze Opern-
haus stürzte über uns
zusammen. Blut auf dem
Boden. Flammen.
Rauch. Qualm. Geschrei. Es war
entsetzlich. Ich steckte ihn
rein.

Die Traumfrau

Die Frau, von der jeder Mann
träumt, ist eine Nutte mit
einem Goldzahn und schwarzen
Strapsen; viel Parfüm
falsche Wimpern
Lidschatten
Ohrringe
hellrosa Slips
Salami-Mundgeruch
Pfennig-Absätze
Nylons mit einer dezenten
Laufmasche am linken Bein
ein bißchen dick
ein bißchen betrunken
ein bißchen doof und
ein bißchen plemplem;
eine, die keine
schlüpfrigen Witze
erzählt und 3 Warzen
am Hintern hat
und so tut
als habe sie eine
Schwäche für klassische
Musik; eine, die
eine Woche dableibt
nur eine Woche
und das Geschirr abwäscht
und Essen kocht und
fickt und lutscht
und den Küchenboden schrubbt
und keine Fotos von
ihren Kindern herzeigt

oder von ihrem Ehemann
oder ihrem Ehemaligen redet
oder wo sie zur Schule ging
oder wo sie geboren ist
oder weshalb sie das letzte Mal
im Knast landete
oder in wen sie verliebt ist;
eine, die gerade
eine Woche bleibt
nur eine Woche
und das Nötige tut
und geht
und nie mehr
wiederkommt
auch dann nicht
wenn sie einen
Ohrring auf der
Kommode
vergessen hat.

Mehr oder weniger für Julie

Auf der Hammondorgel oder durchs verdunkelte
Fenster, durch Steaks, verdorben und
blau angelaufen in durchsoffenen Tagen,
durch Insignien und Speichel und
durch Savannah, die Straßen wie
dunkelblaue Adern, verheddert
in einem Wacholderbusch, durch Liebe,
verplätschert hinter kaputten Rolläden
an einem Oktobertag,
durch Gestalten und Fenster und Linien,
durch ein Buch von Kafka mit Weinflecken,
durch Frauen und Freunde und Gefängnisse
und Erinnerungen an eine ferne Jugend,
die ersten Klänge von Beethoven oder Bruckner,
oder das erste Mal auf einem Fahrrad,
so jung, unvorstellbar,
in Schlangenlinien über die Brücke
in Philadelphia geradelt und die
erste Nutte angesprochen, dann
ausgerutscht auf dem Eis, betrunken und
umnebelt, sich gegenseitig wieder
auf die Beine geholfen und gelacht,
gelacht, bis einem die Tränen kamen,
keine Ehe war je so unschuldig oder
bedeutete so viel, und ich erinnere mich
an ihren Namen, ja, und an ihre Augen
und das Muttermal auf ihrer linken Schulter
und sinke in mich zusammen, versacke
in Trauer und Trübsinn, in einer
fettigen Küche, wo ein kochender
Maiskolben in einem Topf auf dem Herd
das einzige Geräusch macht.

Ein Künstler

Er kam die Veranda hoch
in Begleitung eines Kerls
mit einem schwachsinnigen
Grinsen im Gesicht.
Da standen sie.
Beide stanken nach Wein.
Der Maler versteckte irgendwas
unter seinem Mantel.
Er hielt den Mantel auf,
und es war ein Sturzhelm
von einem Polizisten,
komplett mit Messingschild.
»Gib mir 20 Dollar dafür«,
sagte er.
»Schieb ab, Mann«, sagte ich,
»was soll ich mit dem Deckel
von einem Bullen?«
»Zehn Dollar«, sagte er.
»Habt ihr den Kerl
gekillt?« fragte ich.
»Fünf Dollar . . .«
»Was ist denn mit den
6000 Piepen, die du letzten Monat
mit deiner Ausstellung verdient hast?«
»Alles versoffen. Alles in der
gleichen Bar.«
»Und für mich war nicht mal
ein Bier drin«, sagte ich.
»Zwei Dollar . . .«
»Habt ihr ihn umgelegt?«
»Bloß in die Mangel genommen.
Bißchen zusammengeschlagen . . .«

»So ein Stuß. Ich will das
Ding nicht haben.«
»Uns fehlen noch 18 Cents
an einer Flasche, Mann . . .«
Ich ließ die Kette an der Tür
und schob diesem Künstler
35 Cents durch den Spalt.
Er wohnte bei seiner Mutter,
verprügelte in regelmäßigen Abständen
seine Freundin, und als Maler war
auch nicht viel mit ihm los.
Aber die Welt ist voll
von solchen Linkmicheln,
die einmal unsterblich
werden wollen.
Ich bin selber
so einer.

Hoffen wir mal auf einen Bestseller

Warten wir mal, bis meine
Freundin, die an einem
Roman schreibt, den richtigen
Dreh findet,
sie sitzt in der Küche
und denkt an ihren letzten
Aufenthalt im Irrenhaus,
an ihren Mann, der sich
scheiden ließ,
während ich ihre 3jährige
Tochter unterhalte, die
in der Badewanne sitzt . . .
naja, ich schätze,
nach ein oder 2 Irrenhäusern
kann man schon den
einen oder anderen
Break gebrauchen . . .
wenn ich mir's recht überlege,
spinnt sie wahrscheinlich
immer noch,
sonst würde sie nicht
mit mir unter einem Dach
leben . . .
aber vielleicht bin auch
ich derjenige, der spinnt . . .
ein paarmal hat sie mir
schon gedroht, sie würde
mir die Eier abschneiden,
wenn ich dies oder jenes
mache . . .
bei dem Risiko, das ich
hier eingehe, kann ich nur

hoffen, daß es ein guter
Roman wird, oder wenigstens
ein schlechter, der zum
Bestseller wird.
Ich sitze hier und
drehe mir eine Zigarette
nach der anderen, während
sie da drin drauflos
hämmert ...
ich nehme an, für jedes Genie,
das die Kurve kriegt,
müssen 5 oder 6 Leute
leiden ...
für es, sie, ihn,
oder einander.

Mir soll's
recht sein.

Ein Fall von Haßliebe

Dein Kind hat keinen Namen
Dein Haar hat keine Farbe
Dein Gesicht hat kein Fleisch
Deine Füße haben keine Zehen
Dein Land hat zehn Fahnen

Deine Stimme hat keine Zunge
Deine Gedanken winden sich wie Schlangen
Deine Augen passen nicht zusammen

Du frißt nichts als Blumen
Und wirfst den Hunden
Vergiftetes Fleisch hin

Ich sehe dich in engen Gassen lauern
Mit einem Knüppel in der Hand
Ich sehe dich mit einem Messer
Für jeden, der dir in die Quere kommt
Und dein Herz, mit dem du hausieren gehst
Ist ein stinkender Fischkopf

Und wenn sich die müde Sonne
Ins Meer wühlt, kommst du aus der Küche
Mit einem Drink in der Hand
Und summst den neuesten Schlager
Und lächelst mich an
In deinem hautengen roten Kleid . . .
Wirklich eine reife Leistung.

Ich hab ein Gefühl, als wär ich
'ne Dose Ölsardinen, sagte sie.
Ich hab ein Gefühl, als wär ich
aus Leukoplast, sagte ich.
Ich hab ein Gefühl, als wär ich
ein Thunfisch-Sandwich, sagte sie.
Ich hab ein Gefühl, als wär ich
'ne geschnitzelte Tomate, sagte ich.
Ich hab das Gefühl, es gibt
Regen, sagte sie.
Ich hab das Gefühl, die Uhr
ist stehengeblieben, sagte ich.
Ich hab das Gefühl, die Tür
ist nicht zu, sagte sie.

Ich hab das Gefühl, es kommt
gleich ein Elefant rein, sagte ich.
Ich hab das Gefühl, wir müßten
die Miete bezahlen, sagte sie.
Ich hab das Gefühl, wir sollten
uns einen Job suchen, sagte ich.
Ich hab das Gefühl, *du* solltest
dir einen suchen, sagte sie.

Ich hab das Gefühl, ich
will keinen, sagte ich.

Ich hab das Gefühl, ich bin
dir egal, sagte sie.
Ich hab das Gefühl, wir sollten
'ne Nummer schieben, sagte ich.
Ich hab das Gefühl, wir machen's

in letzter Zeit zu oft, sagte sie.
Ich hab das Gefühl, wir sollten
es öfter machen, sagte ich.
Ich hab das Gefühl, du solltest
dir lieber einen Job suchen, sagte sie.
Ich hab das Gefühl, *du* solltest
dir einen suchen, sagte ich.
Ich hab das Gefühl, ich brauch
einen Drink, sagte sie.
Ich hab das Gefühl, ich brauch
'ne Flasche Whisky, sagte ich.
Ich hab das Gefühl, mehr als
Wein wird nicht drin sein, sagte sie.
Ich hab das Gefühl, du hast
recht, sagte ich.
Ich hab das Gefühl, ich geb's
auf, sagte sie.
Ich hab das Gefühl, ich brauch
ein Bad, sagte ich.
Ich hab das Gefühl, du hast auch
eins nötig, sagte sie.
Ich hab das Gefühl, du solltest
mir den Rücken schrubben, sagte ich.
Ich hab das Gefühl, du
liebst mich nicht, sagte sie.
Ich hab das Gefühl, ich
liebe dich doch, sagte ich.
Ich hab das Gefühl, du hast dein
Ding jetzt in mir drin, sagte sie.
Ich hab das Gefühl, mein Ding ist
tatsächlich in dir drin, sagte ich.
Ich hab das Gefühl, ich liebe
dich jetzt, sagte sie.
Ich hab das Gefühl, ich liebe
dich mehr als du mich, sagte ich.
Ich hab das Gefühl, es ist so schön,

daß ich gleich schreien muß, sagte sie.
Ich hab das Gefühl, ich möchte am liebsten
ewig weitermachen, sagte ich.
Ich hab das Gefühl, du
kannst es auch, sagte sie.
Ich hab so ein Gefühl, sagte ich.
Ich auch, sagte sie.

Das Warten auf die Antwort

Ich höre sie schon von weitem
lachen. Dann stürmt sie zur
Tür herein:

»Na? Du hast dir doch immer
eine gewünscht, die 'n SPLEEN
hat, stimmt's?
Hahahaha, ha.
Hast doch schon immer 'ne
Schwäche für SPLEENIGE Weiber
gehabt, oder nicht?
Hahahaha, ha.«

»Hock dich hin«, sage ich. »Ich
hab einen Kaffee aufgestellt.«

Wir setzen uns ans Küchenfenster,
an einem Sonntag in Los Angeles,
und ich sage:

»Siehst du den Mann da draußen?«

»Ja«, sagt sie.

»Weißt du, was er gerade
denkt?« frage ich.

»Nee. Was denkt er
denn?« fragt sie.

»Er denkt«, sage ich, »er denkt,
daß er zum Frühstück einen
ganzen Laib Brot haben will.«

»Einen ganzen Laib? Zum Frühstück?«

»Ja. Kannst du dir vorstellen, daß
einer so hirnrissig ist, daß er
zum Frühstück einen ganzen Laib
Brot haben will?«

»Nee. Kann ich mir nicht vorstellen.«

Ich stehe auf und gieße den Kaffee ein.
Dann sitzen wir da und sehen einander
an. In der letzten Nacht ging etwas
daneben, und wir möchten dahinter-
kommen, ob es ihre Magenverstimmung war
oder mein Durchfall oder
etwas Schlimmeres.

Wir heben unsere Tassen, stoßen an,
in unseren Augen glitzert die Frage,
und wir sitzen am Küchenfenster,
an einem Sonntag in Los Angeles,
und warten.

Ein Krach

Jetzt nehm ich's sogar
mit dem Tod auf, sagte er
als er von der Pferderennbahn
heimwärts fuhr. Der Reißverschluß
an seiner Hose klemmte. Er
hatte 80 Dollar gewonnen
und eine Frau verloren.
Er ignorierte Halteschilder,
fuhr bei Rot über Kreuzungen,
mit 110 eine Seitenstraße hoch,
und dann krachte es –
er durchbrach eine Absperrung,
Bretter und Petroleum-
lampen flogen durch die Luft,
Sachen knallten auf die
Kühlerhaube, der Wagen kam
ins Schleudern, er brachte ihn
gerade noch vor einem geparkten
Auto wieder unter Kontrolle.
Er war angetrunken, aber
er hatte zum ersten Mal
in 35 Jahren etwas gewonnen.
Er verfuhr sich, landete
in einer Sackgasse, wendete
und fuhr wieder heraus,
bog zweimal rechts ab,
und fünf Minuten später
war er in seiner Wohnung.
Er hängte sich ans Telefon,
und eine Stunde später waren
14 Leute da und feierten
mit ihm. Nur sie
fehlte.

Am nächsten Tag war ihm übel,
und sie kam an, und sie sagte
sie habe ihre Handtasche verloren
mit 55 Dollar drin und ihren
ganzen Ausweisen, 100 Meilen
außerhalb der Stadt, sie sei es
leid geworden, darauf zu warten,
ob er anrufe oder nicht.
Laß uns bloß keinen Krach mehr
haben, sagte sie, ich kann es
nicht verkraften. Er übergab sich,
und sie sagte: Du willst dich
bloß noch umbringen.
All right, sagte er, kein
Krach mehr. Aber er wußte,
daß es wieder und wieder
passieren würde, bis zum
endgültigen Krach. Und er
stand auf, spülte sich den
Mund aus, wusch sich das
Gesicht und ging wieder
mit ihr ins Bett, und sie
hielt ihn wie ein Baby,
und er dachte: Verdammt,
was bin ich bloß für ein Mann?
Aber dann machte er sich
keine Gedanken mehr, und sie
küßten sich, und alles
war wieder in Ordnung
bis zum nächsten Mal.

Stromausfall

Ich war drauf und dran
ein unsterbliches Gedicht
zu schreiben, es war 21.30 Uhr,
ich hatte den ganzen Tag gebraucht,
um in die richtige Stimmung zu kommen,
ich setzte mich an die Schreibmaschine
und hatte gerade die Finger auf
den Tasten, da ging in der ganzen Gegend
das Licht aus.
Sie arbeitete an ihrem Roman. Naja,
sagte sie, gehn wir eben ins Bett.
Wir gingen ins Bett.
Da wir es in den letzten beiden Nächten
fünfmal getrieben hatten, entschieden wir,
daß wir uns zur Abwechslung mal Gespenster-
geschichten erzählen wollten.
Sie erzählte mir eine von 2 Schwestern,
die sich im Wald verirrten und zum Haus
eines Wahnsinnigen kamen, es war kalt
und finster und er war nirgends zu sehen,
deshalb gingen sie rein, und die
eine Schwester legte sich in das eine Bett,
und die andere legte sich ins andere,
und mitten in der Nacht wachte die
eine Schwester auf, als sie so ein
knarrendes Geräusch hörte, und da
saß der Wahnsinnige in seinem Schaukelstuhl
und hatte den abgesäbelten Kopf
ihrer Schwester im Schoß,
und ich erzählte eine,
die handelte von zwei Pennern in einer
Bruchbude, und der eine Penner saß

auf dem Fußboden und steckte sich
die Hand in den Mund und aß seine Hand
und dann den ganzen Arm und dann aß er sich
komplett auf, und der andere sah sich das an,
und anschließend machte er es ihm nach,
und am Ende sieht man nur noch einen
leeren Fußboden, über den die Reflexe
einer bunten Neonreklame zucken . . .
Also kurz und gut: wir schliefen ein.
Und dann gingen plötzlich sämtliche
Lichter an und das Radio und der
Fernseher, und wir wachten auf,
und ich sagte: Ach Gott, das Leben
ist zurückgekehrt, und sie sagte
Na, was soll's, am besten,
wir schlafen weiter.
Ich stand also auf, schaltete alles
aus, und wir machten die Augen zu,
und sie dachte: War mal wieder nichts
mit meinem unsterblichen Roman,
und ich dachte: War mal wieder nichts
mit meinem unsterblichen Gedicht.
Ohne irgendeine Form von Elektrizität
geht eben nichts.
Und die Straßenlaternen hielten mich
noch eine halbe Stunde wach, und dann
hatte ich einen Traum, darin verdiente
ich mir meinen Lebensunterhalt damit,
daß ich Streichhölzer und Glühbirnen aß,
und ich war der Beste in meiner Branche.

Die Dusche

Hinterher gehn wir jedesmal unter die Dusche,
ich mag das Wasser gern richtig heiß,
sie nicht so sehr,
und ihr Gesicht ist immer
ganz weich und friedlich,
und sie wäscht mich immer zuerst,
seift mir die Eier ein, hebt sie an,
drückt sie, dann wäscht sie mir den Schwanz
»Hey, der ist ja immer noch steif!«,
dann das ganze Haar da unten,
den Bauch, den Rücken, die Beine.
Dann wasche ich sie. Zuerst
die Möse. Ich stehe hinter ihr,
mein Ding zwischen ihren Hinterbacken,
und schäume ihr mit Gefühl die
Mösenhaare ein, wasche sie langsam und
bedächtig, lasse mir dazu vielleicht
mehr Zeit als unbedingt nötig ...
dann die Kniekehlen, die Schenkel,
den Arsch, den Rücken,
ich dreh sie herum, gebe ihr einen Kuß,
seife ihr die Brüste ein, den Bauch,
den Hals ... die Knie, die Waden, die Füße ...
dann noch mal die Möse, als Glücksbringer,
noch mal ein Kuß, dann geht sie raus
und frottiert sich ab, manchmal
singt sie auch dabei ... ich bleibe
unter der Dusche, stelle mir das Wasser
heißer, genieße das wohlige Gefühl, das
Wunder der Liebe. Dann geh auch ich raus,
gewöhnlich ist es Spätnachmittag und ruhig
und beim Anziehen überlegen wir gemeinsam,

was noch alles zu erledigen ist, aber dadurch
daß wir zusammen sind, erledigt sich schon
das meiste, eigentlich alles.
Und solange es so ist, zwischen Mann und Frau,
ist es für jeden mal besser, mal schlechter,
aber immer wieder anders. Für mich ist es
eine selten schöne Erinnerung, sie überdauert
den Aufmarsch vor Armeen, das Klappern
von Pferdehufen vor dem Fenster, den
Nachgeschmack von Niederlagen, Schmerzen,
Depressionen ...
Linda, du hast es mir gegeben;
wenn du mir's wieder nimmst
tu es langsam und mach mir's leicht,
als würde ich sterben im Schlaf
und nicht im Leben. Amen.

VI. Gedichte 1972–1974

Wir haben diesen Köter,
er knurrt und kratzt,
rennt hinter Autos her,
stöhnt im Schlaf
und hat ein sternförmiges Mal
über jedem Auge.

Wir hören es draußen:
er verbeißt einen,
der fünfmal größer ist
als er.

Es ist der Hund des
Professors von gegenüber,
perfekte Manieren, ellen-
langer Stammbaum, ein
kleines Vermögen wert.
O je, das gibt Trouble.

Ich treibe die beiden
auseinander, wir
schnappen unseren Köter,
rennen ins Haus,
schließen die Tür ab,
machen das Licht aus.

Dann sehen wir sie
über die Straße kommen:
piekfein und besorgt,
7 oder 8 Mann hoch
kommen sie an, um ihren
Zotti zu retten.

Dieser dämliche Sack,
dieser Wackelpudding
mit Haar dran,
der sollte eigentlich
langsam wissen, daß er
sich nicht auf die
falsche Straßenseite
trauen darf.

Die Müllmänner

Da kommen sie, diese
Jungs, auf den Trittbrettern
des grauen Müllautos.
Im Fahrerhaus dudelt das Radio.

Es ist beinahe aufregend:
Sie sind in Eile, schwitzen,
haben die Hemden offen,
ihre Bäuche hängen heraus,
im Laufschritt rollen
sie die Mülltonnen
auf die Straße,
klinken sie in den
automatischen Heber,
und dann mahlt der
große Müllschlucker
mit unerhörtem Lärm
das Zeug in sich rein.

Sie mußten Bewerbungs-
formulare ausfüllen,
um diesen Job zu kriegen,
sie stottern Eigenheime ab,
fahren Autos der neuesten
Serie; jeden Samstagabend
machen sie eine Sauftour.

Jetzt, im diesigen Sonnenschein von Los Angeles,
rennen sie hin und her
mit ihren Mülltonnen.
Irgendwo kommt er hin,

dieser ganze Abfall.
Sie schreien sich durch den
Lärm etwas zu; dann
stehen sie wieder auf
den Trittbrettern und
fahren nach Westen,
Richtung Meer.

Keiner von ihnen weiß,
daß es mich gibt.

REX DISPOSAL CO.

Zoo

Die Elefanten waren schlamm-
verkrustet und müde,
die Rhinos standen nur herum,
die Zebras dumpf, wie abgestorben,
und die Löwen brüllten kein
einziges Mal, alles
war ihnen egal,
die Geier waren überfüttert,
die Krokodile lagen
regungslos da,
und dann sahen wir eine
seltene Affenart, der Name
fällt mir nicht mehr ein,
das Männchen hockte da oben
auf einem Brett, und nach
einer Weile besprang es
ein Weibchen, rammelte sich
kurz einen ab und ließ sich
grinsend auf den Rücken fallen.
»Na wenigstens etwas«, sagte ich
zu meiner Freundin. »Gehn wir.«

Zuhause redeten wir darüber.

»In diesem Zoo kann man
schwermütig werden«, sagte ich,
während ich mich auszog.

»Außer den beiden Affen
war keiner happy da drin«, sagte sie
und zog sich das Kleid über den Kopf.

»Hast du den Gesichtsausdruck
von diesem Männchen gesehen?«
fragte ich.

»Genau wie bei dir, wenn wir's
gemacht haben«, sagte sie.

Später sah ich ein seltsames
Affenwesen im Spiegel. Und ich
fragte mich, wie es wohl
bei den Giraffen war, und bei
den Rhinos und den Elefanten.
Besonders bei den Elefanten ...

Wir werden wohl noch öfter
in diesen Zoo gehen müssen.

TV

Ich ging zu Bekannten, weil ich
mir im Fernsehen diesen Film
ansehen wollte,
›Alexander der Große‹,
und da rücken sie an, die Armeen,
ta ta ta
Pferde, Lanzen, Messer, Schwerter, Schilde,
Männer fallen . . .
sie schalten um, auf ein Roller Derby,
ein Girl hat gerade eine Gegnerin
im Schwitzkasten . . .
zurück zu Alexander: ein Kerl
springt aus den Kulissen und
ermordet den Vater von Alex,
Alex killt den Kerl, Alex ist König,
zurück zum Roller Derby: ein Mann
liegt auf der Bahn, und ein anderer
fährt ihm mit den Rollschuhen voll an
den Kopf, und hier sind wieder
die Armeen, sie kämpfen anscheinend
in einer Höhle, man sieht Rauch und
Flammen, Schwerter,
Männer fällen . . .
die Thunderbirds sind im Rückstand,
ein Girl rammt einem anderen
von hinten den Helm in den Arsch
und schleudert es gegen die Bande . . .
Alexander steht da und hört
einem Kerl zu, der ein Glas Wein
in der Hand hält, und der Junge
sagt Alex die Meinung, da ist
alles dran, dann dreht er sich um

und will weggehen, und Alex
jagt ihm eine Lanze rein ...
die Thunderbirds sind im Rückstand,
sie schicken Big John aufs Parkett ...
ta ta ta
da sind wieder die Armeen,
sie waten durch Flüsse, durch Wälder,
sie werden sich alles unter den
Nagel reißen,
ta ta ta ...
Big John hat nichts gebracht,
die Girls sind jetzt wieder draußen ...
Alexander liegt im Sterben,
Alexander der Große liegt im Sterben,
unter freiem Himmel defilieren sie
an seinem Lager vorbei,
er trägt eine elegante schwarze Uniform
und sieht aus wie Richard Burton,
die Boys gehen vorbei, sie haben
die Helme ab, und da
sieht man das treue Weib von Alex
neben dem Lager knien, und dann
geht es mit Alex zu Ende, einige Männer
eilen herzu, und einer fragt:
»Alex, an wen willst du die
Herrschaft übergeben? Wer wird
der neue Herrscher?«
Sie warten.
»Der Stärkste«, sagt er und stirbt.
Die Kamera schwenkt auf die Wolken,
den Himmel, höher und höher, und ...
die Thunderbirds reißen das Ruder herum
in den letzten 12 Sekunden, sie siegen
mit 112:110, die Menge ist
außer sich vor Freude,
das grelle Scheinwerferlicht

zieht silberne Schlieren,
Good night, sweet prince,
Hail Mary.
Heiliger Strohsack, war das
ein Abend.

Der alte Holländer

Er war Stammgast in so einer
Kneipe in Philly
und schlug sich immer
3 rohe Eier in sein Bier;
71 war er, aber noch
voll bei Kräften, immer noch
auf Arbeit.
Und da saß ich,
4 oder 5 Barhocker entfernt,
Anfang 20, voll von
Ängsten und Selbstmord-
gedanken und enttäuschter
Hoffnung auf Liebe.
Na ja, aus Kummer,
wie man weiß,
wird noch mehr Kummer,
es brennt und brennt und brennt,
und dann wird es
etwas anderes.
Ich sage nicht, daß es
genauso gut ist,
aber auf jeden Fall
läßt es sich leichter
damit leben.
Nachts muß ich oft
an diesen alten Holländer
denken. Es ist inzwischen
fast ein ganzes Leben her,
aber ich sehe ihn immer noch
vor mir, wie er dasitzt –
mein Meister, damals wie
heute.

Tod eines Mongoloiden

Er unterhielt sich mit Mäusen und Spatzen,
er war 16, und sein Haar war schlohweiß.
Sein Vater schlug ihn jeden Tag,
und seine Mutter ging in die Kirche
und zündete Kerzen an.
Wenn der Junge schlief, kam seine
Großmutter und sprach Gebete,
die ihn erlösen sollten aus den
Krallen des Teufels, und seine Mutter
hörte zu, die Bibel auf dem Schoß,
und weinte.

Mädchen schien er nicht zu bemerken,
auch nicht die Spiele, mit denen wir anderen
uns die Zeit vertrieben, er schien
überhaupt nicht viel zu bemerken,
anscheinend interessierte ihn
so gut wie nichts.

Er hatte einen großen häßlichen Mund
und hervorstehende Zähne,
und seine Augen waren klein und ohne Glanz,
die Schultern eingefallen, der Rücken krumm
wie bei einem alten Mann.

Er wohnte ein paar Häuser weiter.
Wenn wir uns langweilten, redeten wir
über ihn, dann gingen wir
zu interessanteren Dingen über.
Er verließ selten das Haus.
Es hätte uns Spaß gemacht,
ihn zu quälen, aber sein Vater,

ein großer und schrecklicher Mensch,
besorgte das schon
für uns.

Eines Tages starb der Junge. Mit 17
war er immer noch ein kleines Kind.
Ein Todesfall in so einer Gegend,
wo sich alle kennen, ist in der Regel
für 3 oder 4 Tage ein wichtiges Thema,
dann wird er vergessen.
Doch der Tod dieses Jungen schien uns allen
nicht mehr aus dem Kopf zu gehen. Wir
redeten immer wieder davon,
flüsternd, mitten im Stimmbruch,
abends gegen 6, kurz vor dem Dunkelwerden,
kurz vor dem Abendessen.
Und jedesmal, wenn ich heute
durch diese Gegend komme,
Jahrzehnte später,
denke ich wieder an seinen Tod,
nachdem ich all die anderen Toten
längst vergessen habe
und alles, was damals
sonst noch geschah.

Tonleitern

Die Soldaten marschieren ohne Gewehre
Die Gräber sind leer
Pfaue gleiten durch den Regen

Bedeutende Männer schreiten lächelnd
über Freitreppen herab

Es ist genug zu essen da, genug für die
Miete, genug Zeit

Unsere Frauen werden nicht altern

Ich werde nicht altern

Penner haben Diamantringe an den Fingern

Hitler schüttelt einem Juden die Hand

Der Himmel riecht nach verbranntem Fleisch

Ich bin ein brennender Vorhang

Ich bin dampfendes Wasser

Ich bin eine Schlange, ich bin
die Glasscherbe, die ins Fleisch schneidet
Ich bin das Blut

Ich bin die feuerrote Schnecke
die nach Hause kriecht.

Hey, Dolly

Vor 5 Wochen hat sie mich verlassen und
ist nach Utah gegangen. Oder ich
denke jedenfalls, daß sie mich
verlassen hat . . .
Vorgestern ging ich raus, mit einem
Brief an sie, und als ich ihn in den
Briefkasten stecken wollte, sah ich sie
an der Bushaltestelle auf der Bank sitzen.
Ich sah sie nur von hinten, aber
dieses Haar . . . das mußte sie sein,
und alles in mir fing wieder an
zu hämmern; ich rannte hin, und dann
sah ich das Gesicht – es war eine
andere. Sommersprossen, Stupsnase,
grüne Augen. Nichts, nichts.

Dann zog ich an der Western Avenue
von Kneipe zu Kneipe, und da sah ich sie
wieder vor mir. Ich sah diese knapp
sitzende Hose, ich kannte diesen Hintern,
und da war wieder das Haar
und die Art, wie sie ging.
Ich ging schneller, holte sie ein,
sah das Gesicht – Hakennase, blaue Augen,
Mund wie ein Frosch. Nichts, nichts, nichts.

Dann, in einer anderen Kneipe, dieses Girl
am Klavier. Das war sie nicht, aber wenn
das Haar auf eine bestimmte Art und Weise
fiel, sah es für einen Augenblick so aus,
als sei sie es. Das Haar hatte auch dieselbe
Länge, und der Mund war ähnlich, wenn auch

nicht ganz so wie ihrer; und sie merkte,
daß ich sie ansah, ich war natürlich
betrunken, das unterstützte die Illusion,
und sie sagte: Möchten Sie was Bestimmtes
hören? Dolly, sagte ich. Und sie sang –

Hey, Dolly ...

Eben habe ich aus dem Fenster gesehen,
und da war sie, auf der anderen Straßenseite. Sie kam mit einem jungen blonden
Mann aus dem Haus und stand da, mit einer
Sonnenbrille auf der Nase, und ich dachte:
Was hat sie da drüben zu suchen, mit einer
Sonnenbrille? Und sie lächelte zu mir
herüber, winkte aber nicht, und dann
stieg sie mit dem jungen Mann in ein Auto,
es war ein kleiner roter Sportwagen, sehr
teuer, und dann fuhren sie los, Richtung
Westen. Diesmal bin ich mir sicher,
daß sie es war.

Sag schon, warum

Du bist rausgekommen, sagte sie,
und hast in das Auto von diesem Typ da
lauter Dellen reingetreten, und dann
hast du dich auf einen Busch geschmissen
und ihn unter dir plattgedrückt,
ich weiß nicht, was da
alles an dir frißt, aber
meinst du nicht, du solltest mal
zum Psychiater? Ich hab
einen irre guten, der würde
dir bestimmt liegen.

Sag schon was, sagte sie. Ich
mach mir immer Sorgen wegen der Polizei,
wenn du dich so aufführst, ich kriege
Zustände, wenn ich an die Polizei bloß
denke ...

Sag schon, sagte sie, warum
machst du solche Sachen?

Hör zu, sagte sie, ist es dir lieber,
wenn ich gehe?

Als sie weg war, packte ich einen Stuhl
und warf ihn durchs Fenster. Es gab
eine Menge Scherben, und das Fliegengitter
ging ebenfalls entzwei.

Sag mir mal ein totes Tier, das sich
aus Wales anschwemmen läßt und in L. A.
wieder lebendig wird.

Bis 8 auf die Bretter

Der hier
kommt immer
zur falschen Zeit an.

Im Grunde, nehme ich an,
ist er schon ein guter Kerl
und meint es ehrlich, aber
wenn er mal bis 8 auf
die Bretter muß, dann
zeigt er einfach Schwächen.

Am Ende verlieren wir zwar alle,
aber irgendwie kommt es doch
darauf an, wie man's wegsteckt.

Nach einem Besuch von ihm
ist mir jedesmal
3 oder 4 Tage
schlecht.

Ich gebe ihm Unterkunft
und Verpflegung, und manchmal
auch Geld; aber er leert nur
meine Bierdosen und
mosert und mosert.

Wenn er für das, was er mir gibt,
eine Absolution erwartet, dann
wartet er vergebens, denn er
gibt mir absolut nichts –

kein Licht
keine Liebe
kein Lachen
nichts Wissenswertes
nichts, woran man sich
später einmal
erinnern kann.

Er hat so eine Art an sich,
da wird mir einfach übel;
er lädt seine Sorgen und
seinen Wahnsinn bei mir ab,
dabei habe ich von beidem
schon selber genug.

Außerdem habe ich einen
gesunden Selbsterhaltungs-
trieb.

Als er mir das letzte Mal
seine verschwitzte Hand gab,
machte ich ihm klar, daß ich
ihn nicht länger durchschleppen
werde.

Wenn meine Seele jetzt
das große Kotzen kriegt,
dann aus freien Stücken
und nicht, weil er
mal wieder an die
Tür klopft.

Briefe

Sie sitzt am Boden, kramt
in einer Pappschachtel und
liest mir die Liebesbriefe vor,
die ich ihr einmal geschrieben habe.
Daneben liegt ihre 4jährige Tochter,
in eine rosarote Decke gehüllt und
¾ eingeschlafen.

Wir haben uns nach einem Krach
wieder versöhnt, ich sitze
an einem Sonntagabend
bei ihr zuhause.

Draußen fahren die Autos
den Berg rauf und runter;
wenn wir heute nacht im
Bett liegen, werden wir
die Grillen hören.

Wo sind die armen Irren,
die nicht so gut leben
wie ich?

Ich liebe ihre vier Wände
Ich liebe ihre Kinder
Ich liebe ihren Hund

Wir werden den Grillen zuhören,
ich werde den Arm um ihre
Hüfte haben, meine Hand
auf ihrem Bauch.

Eine Nacht wie diese
ersetzt ein ganzes Leben
und gibt sogar dem
Tod noch den Rest.

Ich mag meine Liebes-
briefe. Was drinsteht,
ist alles wahr.

Ah, was für einen Hintern
sie hat . . . und soviel Seele!
Einfach märchenhaft!

Die mexikanischen Girls

An diesem Freitagabend
auf der katholischen Kirmes
sehen die mexikanischen Girls
besonders gut aus
ihre Ehemänner sind in den Bars
und die Girls wirken so jung
mit ihren scharf geschnittenen Nasen
ihren zornig funkelnden Augen
ihren warmen Hintern in engen Bluejeans;
irgendwie fühlen sie sich gelinkt
ihre Männer haben diese warmen Hintern satt
und die jungen Mexikanerinnen
kommen daher mit ihren Kindern
und im Blick ihrer zornig funkelnden
Augen liegt echter Kummer
während sie an Nächte denken
in denen ihre gutaussehenden Männer
die jetzt nicht mehr so gut aussehen
ihnen so schöne Dinge sagten
schöne Dinge, die sie nun
nie mehr hören werden
und unterm Mond und den glitzernden
Lichtern der Kirmes sehe ich alles
und bleibe stehen und fühle mit ihnen.
Sie merken, wie ich sie ansehe –
der alte Bock sieht uns an
er sieht uns in die Augen;
sie lächeln einander zu, sagen etwas
gehen zusammen weg, lachen
sehen über die Schulter
zu mir nach hinten.
Ich gehe hinüber zu einer Bude

setze 10 Cents auf die Nummer 11
und gewinne eine Schokoladentorte
mit 13 bunten Lutschern drauf.
Gut genug für einen gewesenen
Katholiken und stillen Bewunderer
von warmen und jungen und
nicht mehr gebrauchten
traurigen mexikanischen
Hintern.

Der Fang

Mist, sagte er
und zog es aus dem Wasser,
was ist denn *das?*

Ein Hollow-Back June Whale, sagte ich.

Nein, sagte ein Kerl, der
neben uns auf dem Pier stand,
es ist ein Billow-Wind Sand-Groper.

Ein anderer kam vorbei und meinte:
Es ist ein Fandango Escadrille ohne Streifen.

Wir machten den Angelhaken ab, und das Ding
stand auf und ließ einen Furz. Es war grau,
am ganzen Körper behaart, und es war fett
und stank wie alte Socken.

Es begann auf dem Pier nach hinten
zu gehen, und wir gingen ihm nach.
Einem kleinen Mädchen fraß es einen
Hot Dog samt Brötchen direkt aus der Hand.
Dann sprang es aufs Karussell und setzte sich
auf einen Pinto. Gegen Ende fiel es herunter
und rollte durch das Sägemehl.

Wir halfen ihm wieder hoch.

Grop, sagte es, grop.

Dann ging es auf dem Pier wieder zurück
nach vorne, wir hinterher, eine große
Menschenmenge folgte uns.

Ein Werbegag, meinte jemand,
es ist ein Mann in einem Taucheranzug.

Es begann schwer zu atmen. Dann
fiel es auf den Rücken und
bekam Zuckungen.

Jemand kippte ihm einen Becher
Bier über den Kopf.

Grop, machte es, grop.

Dann war es tot.

Wir rollten es ans Ende des Piers
und stießen es zurück ins Meer.
Wir sahen zu, wie es unterging
und verschwand.

Es war ein Hollow-Back June Whale.
sagte ich.

Nein, sagte der andere, es war
ein Billow-Wind Sand-Groper.

Nein, sagte der dritte Experte,
es war ein Fandango Escadrille
ohne Streifen.

Dann trennten wir uns, und jeder
ging wieder seinen eigenen Weg.
Es war ein Spätnachmittag
im August.

Und außerdem ist die Miete zu hoch

Kleine Bestien sitzen im Salzstreuer
Flugzeuge schwirren in der Kaffeekanne
die Hand meiner Mutter klemmt
in der Handtasche, und unter allen Löffeln
gellen Folterschreie von winzigen
Lebewesen.

Im Wandschrank steht die Leiche eines
Ermordeten mit einem brandneuen grünen
Schlips um den Hals
und unter den Dielen schnappt
ein Engel mit bebenden Nasenflügeln
nach Luft.

Es fällt schwer, hier drin
zu wohnen. Sehr schwer.

Bei Nacht sind die Schatten
larvenhafte Kreaturen
Spinnen unter dem Bett
ersticken winzige weiße
Gedanken.

Die Nächte sind schlimm
die Nächte sind sehr schlimm
ich trinke bis zum Umfallen
ich betäube mich, um
schlafen zu können.

Am Morgen, beim Frühstück
sehe ich wie sie auf der Straße

die Leichen wegschaffen
(in der Zeitung steht davon
nie ein Wort).

Und überall hocken Adler –
auf dem Dach, auf dem Rasen
in meinem Wagen. Die Adler
sind alle blind und
riechen nach Schwefel.
Es ist sehr entmutigend.

Leute besuchen mich
sitzen mir auf Stühlen
gegenüber
und ich sehe sie alle
wimmeln von Ungeziefer –
grün und goldgelb
gesprenkelte Wanzen
die sie nie abklopfen.

Ich wohne schon viel
zu lange hier. Es
wird Zeit, daß ich
nach Omaha verschwinde.
Es heißt, dort sei alles
wie aus Jade geschnitzt
reglos und ruhig.
Das Wasser soll so still sein
daß ein Stein darin
keine Kreise zieht;
die Olivenbäume
so hoch, daß man in ihnen
schlafen kann.
Ich frage mich, ob das
wahr ist.

Jedenfalls, hier kann ich
nicht länger bleiben.

Totenbett-Blues

»Wenn du keine Hitze verträgst«,
sagt er, »dann verschwinde aus der
Küche. Weißt du, wer das gesagt hat?
Harry Truman.«

»Ich bin nicht in der Küche«,
sage ich, »ich bin im *Ofen*.«

Mein Verleger ist ein schwieriger
Mensch. Manchmal, wenn ich an mir
zweifle, telefoniere ich mit ihm.

»Schau her«, sagt er dann, »eines Tages
wirst du dir deine Zigarren mit
10-Dollar-Scheinen anzünden. Du wirst
eine Rothaarige am einen Arm haben
und eine Blondine am anderen.«

Oder er sagt auch: »Schau her, ich denke,
ich werde V. K. als Lektor einstellen.
Wir müssen hier irgendwo 5 Poeten
ausmisten. Ich werde ihn entscheiden
lassen, wer rausfliegt.« (V. K. ist
ein Dichter mit stark ausgeprägter
Einbildungskraft; er ist überzeugt,
ich hätte ihn von New York bis zu
den Gestaden von Hawaii madig gemacht.)

Dann telefoniere ich wieder einmal
mit ihm: »Sag mal, Kid«, sage ich,
»kannst du Deutsch?«
»Nee«, sagt er.

»Na, ist ja auch egal. Ich brauche
dringend ein paar neue Reifen, aber
billig. Weißt du, wo ich welche kriege?«
»Ich ruf dich in einer halben Stunde
zurück«, sagt er. »Bist du in einer
halben Stunde da?«
»Klar. Ich kann mir's gar nicht leisten,
wohin zu gehn.«
»Es heißt«, sagt er, »du wärst bei dieser
Lesung in Oregon besoffen gewesen.«
»Nichts als gemeiner Tratsch«, sage ich.
»*Warst* du besoffen?«
»Ich weiß nicht mehr.«

Eines Tages ruft er *mich* an: »Du bist
nicht mehr am Ball. Du hängst an der
Flasche und machst dir Scherereien
mit all diesen Weibern. Du weißt,
wir haben einen guten Kid auf der
Reservebank. Er wartet nur drauf, daß
wir ihn ranlassen. Er wirft links
so gut wie rechts und fängt alles,
was nicht über die Mauer geht. Er
wird trainiert von Duncan, Creeley
und Wakoski, und er kann *reimen*
und versteht sich auf Bilder, Ver-
gleiche, Metaphern, Symbole, Allegorie,
Assonanz, Alliteration, die verschiedenen
Versmaße ... ja, Versmaße! verstehst du ...
Jamben, Trochäen, Anapäste, Spondäen ...
er kennt sich aus mit Zäsur, Denotation,
Connotation, Personifikation, Diktion,
Stimmung, Paradox, Rhetorik, Ton *und*
Koaleszenz ...«

»Ach du Scheiße«, sage ich und lege auf.
Ich setze eine Flasche Old Grandad an
und nehme einen tiefen Schluck.

Wenn es stimmt, was ich in der Zeitung
lese, dann ist Harry immer noch am
Wirken. Aber das mit den neuen Reifen
muß ich mir abschminken. Mehr als
Runderneuerte kann ich mir jetzt
nicht mehr leisten.

Charles

92 Jahre alt. Neulich
kriegte er zum erstenmal
Zahnweh. Es ging mit
einer Füllung ab.

Vor 40 Jahren büßte er
sein linkes Auge ein.

»Der Arzt war ein Metzger«,
sagt er. »Dem ging es bloß
ums Geld. Hinterher stellte sich
heraus, das Auge wäre noch
zu retten gewesen.«

»Nachts«, sagt er, »nehme ich
das Auge raus. Es tut immer
weh. Die haben das nie richtig
hingekriegt.«

»Welches Auge ist es?« frage ich.

»Das hier«, sagt er und zeigt
darauf. Dann entschuldigt
er sich. Er muß in die Küche
und nach den Plätzchen sehen,
die er im Backofen hat.

Er kommt mit einem
ganzen Teller voll
zurück.

»Versuch mal.«

Ich versuche sie.
Sie schmecken gut.

»Möchtest du einen Kaffee?«
fragt er.

»Nein danke, Charles. Ich kann
in letzter Zeit nicht richtig
schlafen.«

Mit 70 heiratete er eine Frau
von 58 Jahren. Das ist jetzt
22 Jahre her. Sie ist inzwischen
in einem Altersheim.

»Es geht ihr ein bißchen besser«,
sagt er. »Sie erkennt mich schon
wieder. Sie darf auch schon
allein aufs Klo gehn.«

»Freut mich zu hören, Charles.«

»Aber ihre verfluchte Tochter
kann ich nicht ausstehen. Die
denkt, ich wär hinter ihrem
Geld her.«

»Kann ich irgend etwas für
dich tun, Charles? Brauchst
du was aus dem Laden oder so?«

»Nein, ich war heute früh erst
einkaufen.«

Er hält sich kerzengerade und
hat nur so einen schwachen

Ansatz von Bauch. Während er redet,
bleibt sein gutes Auge immer
auf den Fernseher gerichtet.

»Ich muß wieder los, Charles.
Hast du meine Telefon-
nummer?«

»Yeh.«

»Wie kommst du so mit den
Girls zurecht, Charles?«

»Mein lieber Freund, an Girls
denke ich schon seit ein paar
Jahren nicht mehr.«

»Gute Nacht, Charles.«

»Gute Nacht.«

Ich gehe zur Tür,
mache sie auf,
hinter mir zu.

Draußen
folgt mir
der Duft seiner
frisch gebackenen Plätzchen
noch ein ganzes
Stück.

Die Ochsentour

Es passierte nach meiner Lesung
da oben in San Francisco.
Das Publikum hatte ganz gut reagiert
ich hatte mein Geld
und in der Bude im 2. Stock
wo sie mich untergebracht hatten
gab es anschließend einiges zu trinken
und dieser Kerl da fing an
einen Schwulen zu verhauen
und als ich ihn stoppen wollte
schlug er ein Fenster ein.
Er tat es absichtlich.
Ich sagte allen, sie
sollten verschwinden.
Und dann stand sie am Fenster
und schrie dem Kerl nach
der den Schwulen verhauen hatte
und er rief von unten hoch
und zwar rief er sie beim Vornamen.
Da fiel mir wieder ein, daß sie
vor der Lesung eine ganze Stunde
verschwunden war.
Sie machte öfter solche Sachen.
Vielleicht waren es keine
schlimmen Sachen, aber
jedenfalls war es rücksichtslos
von ihr. Ich eröffnete ihr
es sei aus mit uns beiden
und sie solle mir aus
den Augen gehn.
Ich legte mich ins Bett.
Einige Stunden später

kam sie wieder, und ich sagte:
»Verdammt noch mal, was hast du
hier zu suchen?«
Sie war ziemlich zerfleddert
die Haare hingen ihr ins Gesicht.
»Du bist mir zu liederlich«,
sagte ich. »Ich will dich nicht.«
Es war dunkel im Zimmer. Sie
sprang mich an und schrie:
»Ich bring dich um! Ich
bring dich um!«
Ich war zu betrunken, um mich
zu wehren, und dann
hatte sie mich auf dem Fußboden
und zog mir ihre Krallen
durchs Gesicht und
biß mir ein Loch in den Arm.

Dann lag ich wieder im Bett
und hörte zu, wie sich ihre
klappernden Absätze
draußen auf der Straße
entfernten.

Mein Freund André

Früher unterrichtete er
an der Universität von Kansas
und als sie ihn feuerten
arbeitete er am Fließband
in einer Konservenfabrik.
Dann zog er mit seiner Frau
hierher an die Küste. Sie
besorgte sich einen Job und
arbeitete, und er versuchte
als Schauspieler unterzukommen.
»Es ist mir ernst damit«, sagte
er zu mir. »Schauspieler ist das
einzige, was ich sein will.«
Er kam mich besuchen
mal mit seiner Frau, mal
allein.
Die Straßen hier sind voll
von Typen, die Schauspieler
sein wollen.
Gestern kam er wieder vorbei.
Er rauchte jetzt Selbstgedrehte.
Ich goß ihm ein Glas Weißwein ein.
»Meine Frau wird langsam
ungeduldig«, sagte er, »ich werde es
als Karate-Lehrer versuchen.«
Seine Hände waren dick geschwollen
so viele Backsteine und Wände
und Türen hatte er schon bearbeitet.
Er erzählte mir von einigen der
großen Kämpfer aus dem Fernen Osten:
»Da gab es einen, der konnte
seinen Kopf um 180 Grad drehen

wenn er sehen wollte, wer
hinter ihm war. So etwas
ist sehr schwierig.
Es ist auch viel schwieriger
gegen 4 Männer zu kämpfen
die in der richtigen Position sind
als gegen eine viel größere Anzahl
von Gegnern. Wenn es so viele sind
stehen sie sich nämlich im Weg
und ein guter Kämpfer, der entsprechend
stark und gewandt ist, kann gut
mit ihnen fertig werden.
Manche von den großen Kämpfern
können sogar ihre Eier einziehen.
Das geht, bis zu einem gewissen Grad
denn der Körper hat natürliche
Hohlräume. Wenn du einen
Kopfstand machst, kannst du das
feststellen.«

Ich goß ihm noch ein Glas
Weißwein ein.
Dann ging er.
Ich muß sagen, es
gibt Augenblicke, da ist man
richtig erleichtert, daß man es
nur mit einer Schreibmaschine
zu tun hat.

Trouble mit Spain

Letzten Mittwoch
ging ich unter die Dusche
und verbrühte mir
den Sack.

Dann lernte ich diesen
Spain kennen. Er ist Maler.
Oder nein, er zeichnet
Comics. Jedenfalls, ich
traf ihn auf einer Party
und alle wurden sauer auf mich
weil ich nicht wußte, wer er war
und was er machte.

Er sah ziemlich gut aus
und als ich reinkam
wurde er vermutlich neidisch
weil ich so schlecht aussehe.
Sie sagten mir seinen Namen
und er lehnte da an der Wand
mit seinem guten Aussehen
und ich sagte: »Hey, Spain.
Gefällt mir, dieser Name. Spain.
Aber *du* gefällst mir nicht. Wie wär's
wenn wir da hinten raus
in den Garten gehn und
ich kick dir die Scheiße
aus dem Arsch?«

Das machte die Gastgeberin wütend.
Sie ging zu ihm hin und rieb sich
an seinem Hosenlatz. Ich
ging aufs Klo und würgte.

Was soll's. Alle sind wütend
auf mich. Bukowski, der kann
nicht mehr schreiben, der ist
erledigt. Abgehalftert.
Seht euch doch an, wie er
säuft. Früher ist er nie
auf Parties gegangen. Jetzt
geht er auf Parties und macht
sämtliche Flaschen leer und
beleidigt Leute, die wirklich
Talent haben. Als er sich noch
die Pulsadern aufgeschnitten hat
da hatte ich noch Achtung vor ihm
und als er's noch mit Gas
versucht hat. Jetzt sieh ihn dir an
wie er diese 19jährige da an-
stiert. Dabei weiß man doch
daß er ihn nicht mehr hochkriegt.

Ich verbrühte mir nicht nur den
Sack, als ich letzten Mittwoch
unter die Dusche ging. Ich fuhr
ruckartig herum, um dem heißen
Wasserstrahl zu entgehen, und da
verbrühte ich mir auch noch
den Arsch.

Ein nasser Abend

Sie hatte ihre Periode,
saß da, starrte trübsinnig
vor sich hin. Ich konnte
nichts mit ihr anfangen.
Draußen regnete es.
Sie stand auf und ging.
Na ja, dachte ich, zum
Teufel damit; immer die
gleiche Tour.
Ich griff nach meinem Drink,
stellte das Radio lauter,
schlug den Schirm von der
Stehlampe und rauchte eine
billige schwarze bittere Zigarre,
Made in Germany.
Es klopfte an die Tür,
und als ich aufmachte,
stand da ein kleiner Mensch
im Regen und sagte: »Haben Sie
auf Ihrer Veranda eine Taube
gesehen?«
Ich sagte ihm, ich hätte keine
Taube auf der Veranda gesehen,
und er sagte, falls sich
eine Taube auf meiner Veranda
blicken ließe, solle ich ihm
Bescheid geben.
Ich machte die Tür zu und
setzte mich wieder hin.
In diesem Augenblick kam eine
schwarze Katze durchs Fenster,
sprang mir auf den Schoß und

schnurrte. Es war ein wunderschönes
Tier.
Ich ging mit ihr in die Küche,
und wir genehmigten uns beide
eine Scheibe Schinken.
Dann knipste ich überall
das Licht aus und ging zu Bett,
und die schwarze Katze legte sich
zu mir und schnurrte, und ich
dachte: Na, wenigstens jemand,
der mich mag. Und auf einmal
fing die Katze an zu pissen.
Sie pißte das ganze Bettlaken voll,
die Pisse lief mir über den Bauch
und an den Seiten herunter, und ich
sagte: »Hey, was ist denn mit dir los?«
Ich packte sie, ging zur Tür
und warf sie hinaus in den Regen.
Eigenartig, dachte ich, wie kommt
diese Katze dazu, auf mich zu
pissen? Und *kalt* ist diese Brühe,
kalt wie der Regen . . .
Ich rief das Flittchen an und sagte:
»Sag mal, was ist denn mit dir los?
Hast du den Verstand verloren?«
Ich legte auf, zog das Bett ab,
legte mich wieder rein und
hörte dem Regen zu.
Manchmal weiß man einfach nicht mehr
was man machen soll. Manchmal
ist es am besten, man liegt
ganz still und versucht
an nichts zu denken.

Die Katze gehörte jemand. Sie trug
ein Halsband gegen Flöhe.

Bei der Frau hatte man keinen
Anhaltspunkt. Man konnte
nur raten.

Wir Künstler

In San Francisco schleppte ich
zusammen mit der 80jährigen Vermieterin
mein grünes Grammophon durchs Treppen-
haus nach oben und ließ Beethovens Fünfte
laufen, bis sie ringsum an die
Wände hämmerten. Mitten im Zimmer
stand ein großer Eimer voll Bier-
und Weinflaschen; es kann also
durchaus sein, daß es am Delirium
tremens lag, als ich eines Nachmittags
ein Geräusch vernahm, das wie eine
Glocke klang, nur daß die Glocke nicht
läutete, sondern mehr so dumpf dröhnte,
und dann sah ich ein goldenes Licht
in einer Ecke des Zimmers, oben
unter der Decke, und es erschien
das Gesicht einer Frau, reichlich mitgenommen, aber noch recht schön, und sie
sah auf mich herunter, und dann erschien
daneben das Gesicht eines Mannes, das
Licht wurde stärker und der Mann sagte:
Wir Künstler sind stolz auf dich!
Dann sagte die Frau: Der arme Junge,
er ist ganz verängstigt.
Das war ich in der Tat. Dann verschwand
die Erscheinung. Ich rappelte mich hoch,
zog mich an, ging in die nächste Kneipe
und fragte mich, wer diese Künstler wohl
sein mochten und weshalb sie auf mich
stolz sein sollten.
In der Kneipe ging es hoch her, ich wurde
zu mehreren Drinks eingeladen, steckte mir

die Hose in Brand mit der heißen Asche,
die mir aus meiner selbstgeschnitzten
Pfeife fiel, dann ließ ich absichtlich
ein Glas fallen, was großzügig übersehen
wurde, und dann lernte ich einen Mann kennen,
der sich für William Saroyan ausgab,
und wir tranken zusammen, bis eine
Frau ankam und ihn am Ohr packte und
nach draußen zerrte, und da dachte ich:
Nee, das war wohl doch nicht William . . .
Dann kam einer rein und sagte: Mann,
du klopfst hier große Sprüche, aber
ich sag dir eins – ich hab gerade
wegen schwerer Körperverletzung gesessen,
also leg dich bloß nicht mit mir an!
Wir gingen zusammen vor die Tür. Er
war ganz gut beieinander, er konnte
mit seinen Fäusten umgehen, die
Schlägerei zog sich in die Länge, dann
trennten sie uns, und wir gingen wieder
zusammen rein und zechten noch ein paar
Stunden. Dann ging ich zurück in meine
Bude, legte Beethovens Fünfte auf, sie
hämmerten wieder an die Wände, und ich
hämmerte zurück.

Ich muß oft daran denken, wie ich damals
war; so jung, daß ich mir's kaum noch
vorstellen kann. Na ja, macht nichts.
Die Künstler sind mir danach nie mehr
erschienen. Hoffen wir mal, daß sie
noch stolz auf mich sind.
Dann kam der Krieg, und eh ich mich's
versah, war ich in New Orleans und
stolperte mitten in der Nacht durch den
Regen, fiel in den Dreck, kam in eine

Bar und sah gerade, wie ein Mann einen
anderen abstach, und ich ging an die
Jukebox und steckte einen Fünfer rein.
Es war ein Anfang. San Francisco und
New Orleans waren zwei meiner liebsten
Städte.

Alimente

Vor ein paar Tagen fuhr ich
mal wieder hin, um meine
Tochter abzuholen.
Ihre Mutter kam im Overall
an die Tür. Ich gab ihr
die Alimente für das Kind,
und sie drückte mir
eine Portion Gedichte
in die Hand. Sie waren
von einem gewissen
Manfred Anderson.
Ich las sie.
»Er ist unheimlich gut«,
sagte sie.
»Schickt er dieses Zeug
rum?« fragte ich.
»Oh nein. So was würde Manfred
nie tun.«
»Warum denn nicht?«
»Na, ich weiß auch nicht
recht.«
»Hör mal«, sagte ich, »du
kennst anscheinend lauter Dichter,
die ihr Zeug nie aus dem
Haus lassen.«
»Die Zeitschriften sind eben
noch nicht reif dafür. Die
Gedichte sind ihrer Zeit
zu weit voraus«, meinte sie.
»Ach du lieber Gott«, sagte
ich, »glaubst du das wirklich?«
»Ja. Ja, das glaub ich wirklich.«

»Schau her«, sagte ich, »du hast
das Kind nicht mal fertig angezogen.
Sie hat noch nicht einmal Schuhe
an. Kannst du ihr nicht die
Schuhe anziehen?«
»Deine Tochter ist 8 Jahre alt.
Sie kann sich ihre Schuhe selber
anziehen.«
»Also, komm«, sagte ich zu meiner
Tochter, »tu mir in Gottes Namen
den Gefallen und zieh dir die
Schuhe an, ja?!«
»Manfred schreit nie so rum«,
sagte ihre Mutter.
»ACH HIMMELDONNERWETTER-
NOCHMAL!« schrie ich.
»Siehst du? Siehst du?« sagte sie,
»Du hast dich kein bißchen geändert.«
»Wieviel Uhr ist es?« fragte ich.
»Halb 5. Manfred hat mal einige
Gedichte an eine Zeitschrift
geschickt, aber sie kamen wieder
zurück, und er war furchtbar
geknickt.«
»Hast du deine Schuhe jetzt an?«
sagte ich zu meiner Tochter. »Na also.
Gehn wir.«
Ihre Mutter ging mit uns zur Tür.
»Amüsiert euch gut«, sagte sie.
»Leck mich«, sagte ich.
Als sie die Tür zumachte, sah ich,
daß außen eine Plakette angeklebt war.
SMILE, stand darauf. Ich verkniff es mir.
Wir fuhren den Pico Boulevard entlang;
unterwegs hielt ich vor dem Red Ox.
»Gleich wieder da«, sagte ich

zu meiner Tochter. Ich ging rein,
setzte mich und bestellte mir einen
Scotch mit Wasser. Über der Bar
hatten sie einen Kasten hängen,
da kam alle paar Sekunden ein
kleines Männchen raus und hatte
einen sehr roten krummen Penis
in der Hand.
»Kann man den nicht anhalten?«
fragte ich den Barkeeper. »Können Sie
das Ding nicht abstellen?«
»Wieso? Was haben Sie denn?« fragte er.
»Ich schreibe Gedichte und schick sie
an Zeitschriften«, sagte ich.
»Sie schreiben *Gedichte?* Und schicken sie
an *Zeitschriften?*«
»Ganz recht«, sagte ich. »Scheißspiel.«
Ich trank mein Glas aus und ging
zurück zum Wagen. Wir fuhren
weiter den Pico Boulevard entlang.
Der Rest des Tages konnte jetzt
nur noch besser werden.

Charisma

Die hier ruft mich immer wieder an,
obwohl ich ihr gesagt habe, daß ich
mit einer Frau zusammenlebe,
die ich liebe.

Ich hör immer so Geräusche
rings ums Haus, sagt sie.
Ich dachte, das bist
vielleicht du.

Ich? Ich war schon seit Tagen
nicht mehr besoffen.

Na ja, vielleicht warst du's auch
nicht. Ich hatte einfach das
Gefühl, es ist jemand, der mir
helfen möchte.

Vielleicht war's der liebe Gott.
Hast du daran schon mal gedacht?

Ja. Der ist ein Haken
an der Decke.

Ah. Das kenn ich.

Ich zieh mir jetzt Tomaten
in meinem Keller, sagt sie.

Sehr praktisch.

Ich würde gerne umziehen,
aber wohin? Was meinst du?

Nach Norden wäre zu einfach. Im
Westen ist das Meer. Im Osten
die Vergangenheit. Bleibt nur eins:
nach Süden.

Nach Süden?

Ja. Aber nicht über die Grenze.
Gringos leben dort nicht lange.

Wie ist es in Salinas?
fragt sie.

Wenn du auf Salat stehst,
dann kannst du auch nach
Salinas.

Plötzlich legt sie auf. Das
macht sie immer so. Und einen Tag,
eine Woche oder einen Monat danach
ruft sie dann wieder an. Sie wird
zu meiner Beerdigung kommen
mit Tomaten in der Hand und
einem Wust von gelben Seiten
aus dem Branchenverzeichnis
in den Taschen ihres hackfleisch-
braunen Wintermantels, bei
36 Grad im Schatten. Ich bin eben
ein hoffnungsloser Fall, was die
Ladies angeht.

Laugh Literary*

Hör mal, Menschenskind, erzähl
mir hier nichts von Gedichten
die du uns angeblich geschickt
hast. Ich seh hier nichts von
dir. Nein, wir verschlampen
grundsätzlich keine Manuskripte;
wir stopfen sie in den Backofen
wir verheizen sie
wir lachen über sie
wir kotzen auf sie
wir kippen Bier auf sie
aber meistens schicken
wir sie einfach zurück
weil sie so unsäglich
öde sind.
Na sicher sind wir scharf
auf Kunst; wir haben sie
bitter nötig; aber weißt du
es gibt eben zu viele Leute
die mit der Kunst nur herum-
pfuschen und rumficken und
auf der Bühne für Gedränge sorgen
und sich breitmachen mit ihrer
fürchterlich aufdringlichen
muskelprotzenden Mittelmäßigkeit.

Für 4 Dollar im Jahr kannst du
unsere Zeitschrift abonnieren.
Ich meine, *lies* das Ding erst mal
eh du uns was schickst.

* Titel einer Zeitschrift, die Bukowski
1969/70 mit einigen Freunden herausgab. (C. W.)

Ein Pechvogel

In einem Kibbuz lernte der Junge
eine Frau kennen und ging mit ihr
nach New York. 32 war er, als er
bei seiner Mutter auszog; immer
gut versorgt, Sinn für Humor,
jeden Tag eine frisch gereinigte
Hose an. Und jetzt also im Getto,
mitten zwischen Puertorikanern.
Sie hatte einen Job. Er wollte
Eisengitter an den Fenstern haben
und überfraß sich an Brathähnchen,
morgens um 10, wenn sie zur
Arbeit gegangen war. Er hatte
sich im Laufe der Jahre einiges
Geld gespart, er brachte auch
den einen oder anderen Fick, aber
eigentlich hatte er Angst vor
Pussy.

Ich saß mit Eileen in Hollywood
und sagte: Ich sollte den Kid
warnen, damit er nicht aus allen
Wolken fällt, wenn sie ihm den
Stuhl vor die Tür setzt.

Nein, sagte sie, laß ihm doch
sein Glück.

Ich ließ ihm sein
Glück.

Jetzt wohnt er wieder bei seiner
Mutter. Er wiegt 310 Pfund und
ißt die ganze Zeit
und lacht die ganze Zeit,
aber seine Augen sind kaum noch
zu sehen, in diesem Klumpen Fleisch ...
Ich hab sie geliebt, sagt er
zu mir, mit einem Hähnchen-
schlegel zwischen den Zähnen.
Ich hab sie geliebt.

Reinfall

Sie kam mir auf die Schliche,
sie wartete auf mich in ihrem
orangefarbenen Volkswagen,
und als sie mich ankommen sah
mit zwei Sixpacks und einer
Flasche Scotch unterm Arm,
sprang sie heraus und
schnappte sich das Bier und
warf die Flaschen einzeln
aufs Pflaster, und dann zer-
schellte auch noch der Scotch.
Ha!, sagte sie, du hast dir
gedacht, du machst sie mit dem
Zeug besoffen, damit du sie
leichter ficken kannst!
Ich ging in den Hausflur hinein,
wo die andere oben auf der
Treppe stand, dann kam *sie*
von draußen herein, rannte
die Treppe hoch und schlug
der anderen die Handtasche
über den Kopf und schrie:
Er ist *mein* Mann! Er ist *mein* Mann!
Dann rannte sie raus, sprang in
ihren Volkswagen und fuhr weg.
Ich holte mir einen Besen,
ging hinaus und fegte die
Scherben zusammen. Plötzlich
hörte ich ein Geräusch –
auf dem Bürgersteig raste sie
in ihrem orangefarbenen Volkswagen auf mich zu. Ich sprang

mit einem Satz an die Hauswand,
sie fuhr knapp an mir vorbei.
Ich hob den Besen auf und
fegte wieder die Scherben
zusammen. Dann stand sie auf
einmal vor mir. Sie riß mir
den Besen aus der Hand und
brach ihn in drei Teile,
und dann entdeckte sie eine
Bierflasche, die noch heil war,
und warf sie durch das Glas
der Haustür; es gab ein sauberes
rundes Loch. Und da schrie
die andere drinnen von der
Treppe herunter: Umgotteswillen,
Bukowski, geh mit *ihr!*

Ich stieg in den orangefarbenen
Volkswagen, und wir fuhren zusammen
weg.

Zäher als Corned beef aus der Pfanne

Flatternd vor Angst bei einem
Flug über Missouri;
in heißes Wachs gegossen in Boston;
wie eine Kartoffel geröstet in Norfolk;
verschollen in den Allegheny Mountains;
wiedergefunden in einem Himmelbett aus
Mahagoni in New Orleans;
in einen Topf voll Pinto-Bohnen gerührt
in El Paso;
gekreuzigt wie ein besoffener Hund
in Denver;
in zwei Scheiben geschnitten und in
den Toaster gesteckt in Kalamazoo;
krebskrank auf einem Fischerboot
vor der Küste von Mexiko;
hereingelegt und hinter Gitter
verfrachtet in Daytona Beach;
mit Fußtritten traktiert von einer
Kindergärtnerin in grün-weiß
gestreifter Kluft, die als
Aushilfe jobt in einer Raststätte
in North Carolina;
mit Olivenöl und Ziegenpisse einbalsamiert
von einer schachspielenden Nutte
im East Village;
zum rot-weiß-blauen Maskottchen
gestempelt kraft Kongreßbeschluß;
torpediert von einer synthetischen
Blondine mit dem dicksten Arsch in Kansas;
aufgespießt und ausgeweidet von
einer Frau mit der Seele eines Stiers
in East Lansing;

338

zur Schnecke gemacht von einem Girl
mit Zahnlücke und winzigen Fingern
an der einzigen Tankstelle in Mesa:
das menschliche Herz pumpt weiter
und weiter
und weiter und weiter
noch eine kleine
Weile.

VII. Gedichte 1974–1977

Interviews

Junge Burschen von Underground-
zeitungen und kleinen Zeitschriften
kommen jetzt immer öfter an
und wollen ein Interview mit mir
machen. Sie haben lange Haare,
sind alle schlank
und bringen Tonband-
geräte und eine Menge
Bier mit.
Die meisten schaffen es,
einige Stunden hier-
zubleiben und sich einen
Rausch anzutrinken.

Wenn gerade eine meiner
Freundinnen hier ist,
lasse ich sie das Reden
besorgen.
Nur zu, sag ich,
sag ihnen die Wahrheit
über mich.

Und dann sagt sie, was sie für
die Wahrheit hält.
Gewöhnlich werde ich
als Idiot geschildert.
Was auch stimmt.

Dann werde ich gefragt:

*Warum hast du mal zehn Jahre
mit dem Schreiben aufgehört?*

Keine Ahnung.

Warum hat man dich nie
zur Armee eingezogen?

Dachschaden.

Kannst du Deutsch?

Nein.

Wer sind deine bevorzugten
modernen Autoren?

Ich weiß nicht.

Die Interviews bekomme ich
selten zu sehen. Einer von
diesen jungen Burschen
schrieb mir einmal,
meine Freundin habe ihn
geküßt, als ich gerade
auf dem Klo war.

Da bist du glimpflich davon-
gekommen, schrieb ich zurück.
Und übrigens: Vergiß diesen
Scheiß, den ich dir über
Dos Passos erzählt habe.
Oder war es Mailer?
Es ist heiß heute abend,
die halbe Nachbarschaft ist
besoffen. Die andere Hälfte ist
tot.
Wenn ich jemand, was das
Schreiben von Gedichten angeht,

einen Rat geben kann, dann den:
Laß es bleiben.
Ich werde mir jetzt ein Brat-
hähnchen anliefern lassen.

Buk

Kandidatengesicht auf einem Wahlplakat

Da haben wir ihn:
nicht sehr oft verkatert
nicht sehr oft Krach mit Frauen
nicht sehr oft einen Platten
nie ein Gedanke an Selbstmord

nicht mehr als dreimal beim Zahnarzt
nie eine Mahlzeit verpaßt
nie im Gefängnis
nie verliebt

7 Paar Schuhe

ein Sohn im College

ein Auto, 1 Jahr alt

Versicherungspolicen

ein strahlend grüner Rasen

Mülltonnen, deren Deckel
dicht schließen.

Der wird gewählt.

Solid State Marty

Er ist beinahe 80. Neulich
haben ihn wieder mal einige
Miezen besucht. Er saß
in seinem Sessel, eine Decke
über den Knien, und das erste,
was er sagte, als sie reinkamen,
war: »Daß mir ja keine
an den Schwanz geht!«

Er hatte eine 4-Liter-Flasche
Zinfandler im Kühlschrank
und gerade 5 Tage
Tequila
hinter sich.

Mitten im Zimmer stand
ein neuer Flügel
für 600 Dollar.
Den hatte er
seinem Sohn
gekauft.

Ständig ruft er mich an,
ich soll bei ihm vorbei-
kommen, und wenn ich dann
hingehe, ist er die
Langeweile in Person.
Er nickt zu allem, was ich sage,
und dann schläft er ein.

Solid State Marty.
Wenn ich nicht da bin,

geht er immer aus sich heraus:
er setzt die Couch in Brand,
läßt sich die Pisse
auf den Bauch regnen,
singt die Nationalhymne.

Er läßt sich Call-Girls kommen,
spritzt sie mit Selterswasser voll,
reißt das Telefonkabel aus der
Wand.

Aber zuerst tätigt er
einige Anrufe:
Paris
Madrid
Tokio.

Er schlägt
Hunde
Katzen
Menschen
mit seinem
silberbeschlagenen
Krückstock.

Er erzählt Geschichten
aus seiner Zeit als
Stierkämpfer
Boxer
Zuhälter
Freund von Ernie
Freund von Picasso.

Aber wenn ich vorbeikomme,
schläft er jedesmal
im Sitzen ein; stumm

wie ein Fisch; die
grauen Zottelhaare
hängen ihm über das
starre Gesicht mit der
Adlernase.

Sein Sohn fängt an zu reden,
und dann ist es Zeit,
daß ich
gehe.

Yankee Doodle

Ich war jung
keine Spur von Bauch
dünne Arme
aber kräftig.

Ich kam jeden Morgen
betrunken in die Fabrik
und legte, ohne mich
anzustrengen, ein Tempo vor
bei dem keiner in der
ganzen Bagage
mithielt.

Der Alte – Sully hieß er –
der gute alte Irish Sully
murkste mit seinen
Schrauben herum
und pfiff den ganzen Tag
das gleiche Lied:

Yankee Doodle came to town
Ridin' on a pony
He stuck a feather in his hat
And called it macaroni ...

Ich ging dazu über
den Song mit-
zupfeifen.

Und so pfiffen wir dann
gemeinsam, stundenlang;
er zählte Schrauben
ich verpackte 8 Fuß lange

Fassungen von Neonröhren
in sargähnliche Kisten.

Mit der Zeit
wurde er bläßlich
fing an zu zittern
und gelegentlich
ließ er in seinem Song
ein paar Töne aus.

Ich pfiff weiter.

Er begann zu fehlen
erst Tage, dann
eine ganze Woche.

Als nächstes hörte ich
Sully sei im Krankenhaus.
Eine Operation.

Zwei Wochen danach
kam er zu uns rein:
mit seiner Frau
und einem Krückstock.

Er schüttelte jedem
die Hand.

40 Jahre hatte er
abgerissen.

Als sie die Abschieds-
party für ihn machten
konnte ich nicht kommen
weil ich einen grauenhaften
Kater hatte.

Jetzt wo er weg war
begann ich ihn zu
vermissen. Mir wurde klar
daß er mich nie gehaßt hatte.
Ich hatte immer nur
ihn gehaßt. Ich begann
mehr zu trinken
und öfter zu fehlen.

Dann entließen sie auch mich.

Das machte mir sonst
nie etwas aus. Aber
dieses eine Mal war es
anders.

Graue Theorie

Sieh zu, daß du immer ein
Notizbuch dabei hast. Und
trink nicht so viel. Trinken
ruiniert deine Sensibilität.
Geh zu Lesungen. Achte darauf,
an welchen Stellen sie Luft
holen. Und wenn *du* liest,
bring es mit Understatement,
spiel es immer herunter. Das
Publikum ist smarter, als du
denkst. Und wenn du etwas
geschrieben hast, schick es
nicht sofort raus. Leg es
erst mal zwei Wochen in die
Schublade, dann hol es heraus
und sieh dir's an und überarbeite es, ÜBERARBEITE ES
immer und immer wieder.
Straffe die Zeilen, zieh die
Schrauben an, als wären es
Drahtseile, die eine Brücke
mit 5 Meilen Spannweite
tragen müssen. Und leg dich
nie ohne dein Notizbuch ins
Bett. In der Nacht werden dir
Einfälle kommen, und wenn du
sie nicht sofort aufschreibst,
sind sie für immer weg. Und
trink nicht. Trinken kann
jeder Idiot. Wir sind
Literaten.

Er war wie alle anderen, deren
Schreibe nichts taugt: Er wußte
erstaunlich viel darüber zu
sagen.

Erfolgserlebnis

Heute plagte ich mich
bei 38 Grad Hitze
mit meinem 14 Jahre alten
Auto herum, das nicht mehr
anspringen wollte; ich
mußte den Vergaser ausbauen,
reinigen, wieder einbauen,
neu einstellen, das Gaspedal
mit einem Stück Holz fest-
klemmen und immer wieder
zwischen Anlasser und Heck-
motor hin und her rennen.

Nach 45 Minuten war es
endlich geschafft.
Ich brachte 4 Briefe zur
Post, besorgte mir unterwegs
etwas Eisgekühltes, fuhr
nach Hause, hörte mir
etwas von Ives an
und träumte, mit meinem
großen weißen Bauch
dicht am Ventilator,
von großen Zeiten.

Afrika, Paris, Griechenland

Ich kenne da diese
2 Frauen, sie sind
einander ziemlich
ähnlich, fast
gleich alt,
belesen,
gebildet.

Ich habe einmal
mit beiden geschlafen,
aber damit ist es
längst vorbei.
Wir sind jetzt
Freunde.

Sie waren schon in
Afrika, Paris,
Griechenland,
da und dort,
und haben es
mit einigen berühmten
Männern getrieben.

Die eine lebt jetzt
ein paar Meilen von hier
mit einem Millionär
zusammen, geht mit ihm
zum Frühstück aus, zum
Mittagessen, füttert
seine Fische, seine
Katzen, seinen Hund,
und wenn sie Schlagseite hat,
ruft sie mich an.

Die andere hat es
schwerer, sie lebt allein
in einem kleinen Apartment
in Venice, Calif., und
hört sich die Bongotrommeln
in der Nachbarschaft an.

Berühmte Männer wollen
anscheinend immer junge
Frauen.

Junge Frauen wird man
leichter wieder los:
Sie haben mehr
Möglichkeiten.

Frauen, die einmal
schön waren,
haben es schwer,
wenn sie älter
werden – sie
müssen mehr
Intelligenz zeigen,
wenn sie ihre Männer
halten wollen, und
sie müssen mehr
bringen,
im Bett und
außerhalb.

Die 2 Frauen, die ich
kenne, sind beide gut,
sowohl im Bett
als auch
sonst.

Und sie sind intelligent;
intelligent genug, um zu
wissen, daß sie,
wenn sie mich besuchen,
nicht mehr als 1 oder 2
Stunden bleiben können.

Sie sind einander
ziemlich ähnlich;
und ich weiß,
wenn sie dieses
Gedicht lesen,
werden sie es
verstehen
so gut wie sie
Rimbaud oder Rilke
verstehen
oder
Keats.

Mittlerweile habe ich
eine junge Blondine
aus der Gegend von
Fairfax kennengelernt.

Sie sieht sich
meine Bilder an den
Wänden an, und ich
massiere ihr die
Fußsohlen.

Der Amtsrichter

Der Amtsrichter, der für
besoffene Randalierer
zuständig ist, kommt
wie jeder Richter
zu spät. Er ist
jung
wohlgenährt
gebildet
verwöhnt und
aus gutem Hause.

Wir Trunkenbolde
drücken unsere Zigaretten
aus und warten auf ein
mildes Urteil.

Die Jungs, die keine
Geldstrafe berappen können,
nimmt er sich zuerst
vor.
»Schuldig«, sagen sie
alle, »schuldig.«

»7 Tage.« »14 Tage.«
»14 Tage und anschließend
auf die Honor Farm.«
»4 Tage.« »7 Tage.«
»14 Tage.«

»Herr Richter, die haben
da drin einen grün und
blau geschlagen.«

»Der Nächste.«

»Herr Richter, sie haben
mich wirklich grün und
blau geschlagen.«

»Der nächste Fall, bitte.«

»7 Tage.« »14 Tage und
anschließend auf die
Honor Farm.«

Der Amtsrichter ist
jung und über-
ernährt. Er hat
zuviele Mahlzeiten
verdrückt. Er ist
fett.

Die Jungs, die zahlen
können, kommen als
nächste dran. Man
führt uns in langen
Reihen vor und er
hakt uns nacheinander
ab. »2 Tage oder
40 Dollar.« »2 Tage
oder 40 Dollar.« »2 Tage oder
40 Dollar.« »2 Tage oder 40
Dollar.«

Wir sind 35 oder
40. Das Amtsgericht
ist in der San Fernando Road,
zwischen Schrottplätzen und
Autofriedhöfen.

Wir gehen zum Gerichtsdiener,
und er eröffnet uns:
»Das wären alles in allem
50 Dollar.«

»Was?«

»50 Dollar.«

Die 10 Dollar Differenz
sackt das Gericht ein.

Wir gehen hinaus und
steigen in unsere
alten Autos.
Die meisten unserer Autos
sind in schlechterem Zustand
als die auf den Schrottplätzen.
Manche von uns haben
kein Auto.
Die meisten von uns
sind Mexikaner oder
weiße Sozialfälle.
Auf der anderen Straßenseite
ist der Rangierbahnhof.
Die Sonne brennt herunter.

Der Richter hat eine
sehr glatte und
zarte Haut. Der Richter
hat eine fleischige
Kinnpartie.

Zu Fuß und per Auto
verlassen wir den
Platz vor dem Gericht.

Das ist die
Gerechtigkeit.

Paradiesvogel

Schmetterling aus Holz
Backpulver-Lächeln
Sägemehl aus dem
Hosenlatz –
Ich liebe meinen Bauch
und der Mann im
Spirituosenladen
nennt mich
»Mr. Schlitz«.
Die Kassierer an den
Wettschaltern rufen
»DER DICHTER HAT
WIEDER ZUGESCHLAGEN!«
wenn ich meine
Tickets einlöse.
Die Ladies sagen
sie lieben mich
und nicht nur im Bett
wenn ich mit nassen
weißen Füßen an ihnen
vorbeigehe.

Albatros mit roten Augen
Popeye mit fleckiger
Unterhose
Bettwanzen von Paris –
Ich habe die Barrikaden
übersprungen, habe
das Automobil
meistern gelernt
den Katzenjammer
die Tränen

doch ich sehe das
unausweichliche Ende
so gut wie jeder Schuljunge
der mit ansieht, wie eine
Katze überfahren wird.

Meine Schädeldecke hat
einen 3,8 cm langen Riß
Zähne habe ich nur noch
vorne. In Supermärkten
wird mir schwindelig
ich spucke Blut, wenn ich
Whisky getrunken habe
und werde restlos deprimiert
wenn ich an all die guten
Frauen denke, die ich
gekannt habe und die
sich ins Nichts auflösten
wegen einer Lappalie:
Ausflüge nach Pasadena
Picknicks mit den Kindern
die Kappe einer Tube
Zahnpasta, die im
Ausguß verschwand.

Was bleibt?
Trinken, auf
Pferde wetten
auf das Gedicht
setzen.

Während aus den jungen Girls
Frauen werden und ich
vor den MGs in Deckung gehe
hinter Wänden, dünner
als Augenlieder.

Alles, was ich
zu meiner Verteidigung habe
sind die Fehler, die ich
gemacht habe.

Und doch, als sei
weiter nichts
nehme ich den Hörer ab
dusche mich
koche mir Eier
studiere Bewegung und
Verschleiß
und fühle mich
so gut wie der
nächste Mensch
wenn ich in der Sonne
durch die Straßen gehe.

Der alte Hasser

Kragenweite 42
68 Jahre alt
stemmte Gewichte
sein Körper fast noch
so gut in Schuß
wie der eines
jungen Mannes

Rasierte sich immer
den Schädel
und trank Portwein
aus 2-Liter-Flaschen

Ließ die Kette
an der Tür
hatte die Fenster
mit Latten vernagelt

Man mußte ein bestimmtes
Klopfzeichen geben
sonst machte er
nicht auf

Er hatte Schlagringe
Messer
Baseballschläger
Gewehre

Er hatte einen Brustkasten
wie ein Ringkämpfer
verlor nie seine
Brille

Fluchte nie
suchte nie Streit

Heiratete nicht mehr
nach dem Tod seiner
ersten Frau

Haßte
Katzen
Kakerlaken
Mäuse
Menschen

Löste Kreuzworträtsel
las regelmäßig die
Zeitung

Dieser Hals
Kragenweite 42

Für einen 68jährigen
stellte er wirklich
was vor

All diese Latten
vor den Fenstern

Seine Unterwäsche
und Socken
wusch er sich
selbst

Mein Freund Red
nahm mich einmal
mit zu ihm

Wir unterhielten uns
eine Weile, dann
gingen wir wieder

»Was meinst du?«
fragte Red

»Der hat mehr Angst
vor dem Sterben«,
sagte ich,
»als wir alle.«

Ich sah sie beide
nicht mehr wieder.

Sandwich

Ich ging die Straße runter
um mir einen Submarine
Sandwich zu genehmigen
und dieser Typ kam mit
seinem Fahrrad aus der
Einfahrt des Institute of
Sexual Education heraus
und fuhr mir fast die
Zehen ab. Er hatte einen
schwarzen filzigen Bart
Augen wie ein russischer
Pianist und den Mundgeruch
einer alten Hure aus East
Kansas City. Es ärgerte mich
daß ich beinahe einem Blödmann
in einer kunstseidenen Jacke
zum Opfer gefallen wäre.
Ich sah nach oben, und die
Girls saßen in ihren Korb-
sesseln auf dem Balkon und
träumten von alten Greta Garbo
Filmen. Ich steckte einen
halben Dollar in einen der
Zeitungskästen und nahm mir
das neueste Sexblättchen heraus.
Dann ging ich in den Sandwich Shop
und bestellte mir den Submarine
und einen großen Kaffee. Alle
saßen herum und redeten von
Schlankheitsdiät. Ich bestellte mir
noch eine Portion Fritten.
Die Girls in den Sex-Anzeigen

sahen aus wie Girls in
Sex-Anzeigen. Sie sagten mir
ich brauche nicht einsam zu sein
sie könnten mich voll bedienen:
Ich könne sie schlagen, mit
Ketten oder Peitschen, oder
sie mich, mit Ketten oder Peitschen
ganz wie ich wolle.
Ich aß zu Ende, zahlte, ließ
ein Trinkgeld auf dem Tisch
und das Sexblättchen auf dem
Stuhl. Dann ging ich
die Western Avenue wieder
hinauf, und mein Bauch
hing mir über den
Hosenbund.

Die Lebensmüden und ihr glückliches Leben

Mit dem Song eines
Fischs auf dem Trockenen
im Hirn stehe ich in der
Küche, auf halbem Weg
zum Wahnsinn und träume
von Hemingways Spanien.
Es ist stickig, ich kriege
kaum noch Luft, ich war
auf dem Scheißhaus, habe die
Sportberichte gelesen,
den Kühlschrank aufgemacht,
ein Stück rohes Fleisch
in der Hand gehalten,
angesehen und wieder
reingeworfen.

Der Ort, wo man die Mitte findet,
ist am Rand, auf der Kippe.
Und dieses Hämmern in der Luft
ist nur das Vibrieren der
Wasserleitung.

Schauerliche Dinge tasten sich
unsichtbar durch die Wände.
Krebs treibt Blüten auf der
Veranda. Meine weiße Katze
hat ein Auge ausgekratzt bekommen,
und die Rennsaison dauert
nur noch sieben Tage.

Die Stripperin aus dem Club Normandy
hat sich nie blicken lassen,

und Jimmy hat mich mit seiner
Nutte versetzt, aber hier
ist eine Ansichtskarte aus
Arkansas
und ein Preisausschreiben von
Food King: zehnmal
Ferien auf Hawaii,
ich brauche nur den
Abschnitt auszufüllen.
Aber ich will nicht
nach Hawaii.

Ich will diese Nutte
mit den Pelikan-
Augen,
Bauchnabel aus Messing,
Herz aus Elfenbein.

Ich hole das rohe
Stück Fleisch aus dem
Kühlschrank und
klatsche es in
die Pfanne.

Dann schrillt das Telefon.

Ich knicke in den Knien ein
und rolle unter den Tisch
und bleibe dort unten liegen
bis das Klingeln aufhört.

Dann stehe ich auf und
stelle das Radio an.
Kein Wunder, daß Hemingway
zum Säufer wurde, Spanien
hin oder her.

Ich halte es
auch nicht
aus.

Alles ist so
stickig.

Rentner

Ich sehe mir die alten Rentner
in den Supermärkten an, und sie
sind dürr und stolz und halb tot,
sie verhungern im Stehen und
sagen keinen Ton. Vor langer Zeit
hat man ihnen neben anderen Lügen
beigebracht, Schweigen sei tapfer.
Jetzt, nach einem ganzen Arbeits-
leben, hat sie die Inflation er-
wischt. Sie sehen sich um und
stehlen eine Traube, kauen
darauf herum. Schließlich erstehen
sie eine Kleinigkeit. Ihr Einkauf
für den ganzen Tag. Wieder so eine
Lüge, die man ihnen eingeschärft hat:
Du sollst nicht stehlen.
Sie wollen lieber verhungern
als stehlen. Eine einsame Traube
bringt es nicht. Und in winzigen
Zimmern, wo sie die Sonderangebote
studieren, hungern sie vor sich hin
und werden sterben, ohne einen Ton;
junge Burschen mit langen blonden
Haaren werden sie heraustragen aus
Pensionen und in den Leichenwagen
schieben und losfahren, mit Gedanken
an Vegas und Pussy und Sieg. Alles
ist bestens geordnet: Jeder
kriegt einen Löffel Honig und dann
das Messer rein.

Lähmung

Ich kann nichts mehr
vom Fußboden aufheben –
alte Socken
Unterhosen
Hemden
Zeitungen
Briefe
Löffel Flaschen Kronen-
korken

Kann das Bett nicht machen
Klopapier an die Wand hängen
mir die Zähne putzen
mich kämmen
anziehen

Ich bleibe im Bett
nackt auf den
verschmierten Laken
die halb auf den
Boden hängen
die Knöpfe der Matratze
drücken mir in den Rücken

Wenn das Telefon läutet
wenn jemand an die Tür kommt
packt mich die Wut

Ich bin wie eine
Wanze unter einem Stein
mit genau derselben
Angst

Wenn ich es fertig bringe
mich zu kratzen
ist es schon ein
Sieg.

Heißer Monat

Im Juli wollen hier
3 Frauen aufkreuzen,
vielleicht auch mehr,
sie wollen sich fest-
saugen an meinen
summenden Adern.

Habe ich genug
saubere Handtücher da?

Ich habe ihnen gesagt,
daß ich mich nicht
besonders fühle.
Ich war nicht
darauf gefaßt, daß so viele
auf einmal mit
schlenkernden Titten
ankommen.

Mein Fehler ist,
daß ich mich zu gut
darauf verstehe, im
Vollrausch solche
Briefe zu schreiben,
Telefonate zu führen,
nach Liebe zu schreien,
wenn ich wahrscheinlich
selbst keine zu geben
habe.

Ich ziehe los mit einer
Einkaufsliste:

Handtücher
Bettlaken
Alka-Seltzer
Waschlappen
Schrubberstiele
Schrubber
Schwerter
Messer
Bomben
Vaseline –
Blumen geheimer
Sehnsüchte
die gesammelten
Werke von
De Sade.

Vielleicht morgen

Sah aus wie
         Bogart
eingefallene Wangen

Kettenraucher

pißte aus Fenstern
ignorierte Frauen

knurrte Hauswirte an

fuhr in Güterwaggons
durch die Badlands

ging nie einer Schlägerei
aus dem Weg

voll von Stories aus
der Gosse, aus Penner-
absteigen

hervorstehende Rippen

flacher Bauch

Schuhe, in denen die
Nägel durchkamen

starrte aus Fenstern
Zigarre im Mund
Bierschaum an den Lippen

            Bogart
hat jetzt einen Bart

er ist alt geworden

aber an den Gerüchten
ist nichts dran

            Bogie ist noch nicht
tot.

Charles Bukowski
im dtv

Foto: Bettina Morlock-Kazenmaier

Gedichte die einer schrieb
bevor er im 8. Stockwerk
aus dem Fenster sprang
dtv 1653

Faktotum
Ein illusionsloser Roman über
einen Mann, den die Ansprüche
bürgerlicher Moral nie gequält
haben, der nur eines will:
Überleben – essen, trinken und
gelegentlich eine Frau.
dtv 10104

Pittsburgh Phil & Co.
»Stories vom verschütteten Leben«,
Kurzgeschichten, in denen »pri-
mitive« männliche Bedürfnisse und
Regungen artikuliert werden.
dtv 10156

Ein Profi
Der zweite Teil der »Stories vom
verschütteten Leben«.
dtv 10188

Das Schlimmste kommt noch
oder Fast eine Jugend
Bukowski erzählt in diesem auto-
biographischen Roman die Geschichte seiner Jugend im Amerika
der zwanziger und dreißiger Jahre.
dtv 10538

Gedichte vom südlichen Ende
der Couch
dtv 10581

Flinke Killer
Gedichte
dtv 10759

Nicht mit sechzig, Honey
Gedichte
dtv 10910

Das Liebesleben der Hyäne
Henry Chinaski ist auf Erfolgskurs.
Man reißt sich um ihn, und die
Ladies geben sich in seiner Wohnung
buchstäblich die Klinke in die Hand.
dtv 11049

Pacific Telephone
51 Gedichte
dtv 11327

Die letzte Generation
Gedichte
dtv 11418

Saul Bellow
im dtv

Foto: Thomas Victor

Eine silberne Schale
Das alte System

Diese beiden Erzählungen schildern die vielschichtigen Beziehungen und Konflikte innerhalb einer großen jüdischen Familie, zeigen, wie man sich quält und verwöhnt, hilft und übers Ohr haut, und wie man sich trotzdem liebt. dtv 10425

Mr. Sammlers Planet

Mit den Augen eines weise gewordenen europäischen Intellektuellen zeigt Saul Bellow New York aus einer Perspektive, die voller Tragik und Komik zugleich ist: »Alle menschlichen Typen sind reproduziert: der Barbar, die Rothaut, der Dandy, der Büffeljäger, der Desperado, der Schwule, der Sexualphantast, Dichter, Maler, Schürfer...« dtv 11200

Der mit dem Fuß im Fettnäpfchen
Erzählungen

»Ich sehe nicht einmal aus wie ein Amerikaner«, sagt Mr. Shawmut, Held der Titelgeschichte, »– ich bin groß, aber ich habe einen krummen Rücken, mein Hintern sitzt höher als bei anderen Menschen, ich habe stets das Gefühl, daß meine Beine unverhältnismäßig lang sind: man brauchte einen Ingenieur, um die Dynamik auszutüfteln...« – der amerikanische Nobelpreisträger von einer leichten, heiteren Seite. dtv 11215

Der Regenkönig

Eugene Henderson, ein spleeniger Millionär, hat die Nase voll vom »American way of life«, läßt Familie und Reichtum hinter sich und sucht sein Glück in Afrika. Dort wird er von den Wariwaris zum Regenkönig gekürt – ein nicht ganz ungefährliches Amt, wie sich herausstellt. Ein moderner Schelmenroman voll hintergründiger Komik. dtv 11223

Mehr noch sterben
an gebrochnem Herzen

Der international geschätzte Botaniker Benn Crader erweist sich, wenn's ums andere Geschlecht geht, als Ignorant und Laie. Auch Kenneth Trachtenberg, Benns Neffe und treuer Begleiter, ist kein Frauenheld. Mit Entsetzen verfolgt er die amourösen Abenteuer seines ältlichen Onkels und dessen Heirat mit der wesentlich jüngeren Matilda Layamon. Doch er gerät bald selbst in die Netze der Liebe. dtv 11364

Isaac B. Singer
im dtv

Feinde, die Geschichte einer Liebe

Immer noch von Ängsten gepeinigt, lebt ein der Nazi-Verfolgung entkommener Jude in einer fatalen Konstellation zwischen drei Frauen. dtv 1216

Das Landgut

Kalman Jacobi, ein frommer jüdischer Getreidehändler, wird 1863 Pächter eines enteigneten Landguts in Polen und gerät mit seiner Familie in den Sog der neuen Zeit. dtv 1642

Schoscha

»Eine Liebesgeschichte aus dem Warschauer Ghetto und zugleich ein Gesellschaftsroman unter Intellektuellen.« (Stuttgarter Zeitung) dtv 1788

Das Erbe

Auch Kalman Jacobis Familie wird von den politischen und sozialen Veränderungen gegen Ende des 19. Jahrhunderts erfaßt. dtv 10132

Eine Kindheit in Warschau

Singer erinnert sich an seine Kindheit im Warschauer Judenviertel. dtv 10187

Verloren in Amerika

Singer als kleiner Junge auf der Suche nach Gott, als junger Mann auf der Suche nach Liebe, und als einsamer Emigrant in New York. dtv 10395

Die Familie Moschkat

Eine Familiensaga aus der Welt des osteuropäischen Judentums in der Zeit von 1910 bis 1939. dtv 10650

Old Love

Geschichten von der Liebe dtv 10851

Der Büßer

Joseph Shapiro entkommt dem Holocaust und bringt es in den USA zu Vermögen, Ehefrau und obligater Geliebter. Eines Tages merkt er, daß er seine – wenn auch ökonomisch wie erotisch erfolgreiche – Existenz nicht mehr aushält ... dtv 11170

Der Kabbalist vom East Broadway

Geschichten von jiddisch sprechenden Menschen, denen Singer in seiner geliebten Cafeteria am East Broadway begegnete. dtv 11549 (Juni '92)